KARL-HEINZ KETTERER

Monetäre Aspekte der Staatsverschuldung

Veröffentlichungen des
Instituts für Empirische Wirtschaftsforschung

Band 21

Monetäre Aspekte der Staatsverschuldung

Von

Karl-Heinz Ketterer

DUNCKER & HUMBLOT / BERLIN

CIP-Kurztitelaufnahme der Deutschen Bibliothek

Ketterer, Karl-Heinz:
Monetäre Aspekte der Staatsverschuldung / von Karl-Heinz Ketterer. — Berlin: Duncker und Humblot, 1984.
(Veröffentlichungen des Instituts für Empirische Wirtschaftsforschung; Bd. 21)
ISBN 3-428-05568-3

NE: Institut für Empirische Wirtschaftsforschung ⟨Berlin, West⟩: Veröffentlichungen des Instituts ...

Gedruckt 1984 bei Berliner Buchdruckerei Union GmbH., Berlin 61
Printed in Germany

ISBN 3-428-05568-3

Inhaltsverzeichnis

Einleitung

1. Zur Problemstellung

Die Frage, welche ökonomischen Folgen mit einer Zunahme der Staatsverschuldung verbunden sind, ist zu einem vieldiskutierten Gegenstand wirtschaftspolitischer Auseinandersetzungen geworden. Der Anlaß ist aktueller Art; seit 1975 sind in Deutschland Finanzierungsdefizite der öffentlichen Hand in einem für die Nachkriegszeit unbekannten Ausmaß zu verzeichnen. Wer eine hohe Staatsverschuldung befürwortet, führt zumeist als Argument an, ein Anstieg der Ausgaben des Staates, der über jenen der Einnahmen hinausginge, wirke einer Unterauslastung der Kapazitäten entgegen und erhöhe die Beschäftigung. Gegen eine Zunahme der Staatsverschuldung wird häufig eingewandt, eine hohe Nettokreditaufnahme des Staates führe zu steigenden Zinsen an den Kredit- und Kapitalmärkten, verdränge dadurch die privaten Investoren und wirke überdies inflatorisch.

Die Argumente für und gegen eine starke Zunahme der Staatsverschuldung sind bislang mit den Fakten nicht ohne weiteres in Einklang zu bringen. Auf der einen Seite ist zu sehen, daß es nicht gelungen ist, den Beschäftigungsstand auf jene Höhe zurückzubringen, welche nach herkömmlichem Verständnis Vollbeschäftigung charakterisiert, auch wenn man bescheidenere Maßstäbe anlegt als jene der 60er Jahre. Andererseits haben die Gegner auch keine Bestätigung erhalten. In den Jahren 1975 bis 1978 kam es zu sinkenden Zinsen und abnehmenden Inflationsraten. Danach hat sich der Trend bei beiden Größen wieder umgekehrt, freilich nicht dauerhaft. Trotz hoher und weiter zunehmender Finanzierungsdefizite der Gebietskörperschaften kam es zu einer neuerlichen Wende bei der Zinsentwicklung, diese war seit Herbst 1981 wieder nach unten gerichtet. Seit Beginn 1982 haben sich auch die Inflationsraten deutlich zurückgebildet. Rein von den Fakten her beurteilt läßt sich kaum behaupten, daß die Zinsentwicklung seit 1975 wesentlich anders verlaufen ist, als es dem Willen der monetären Politik entsprochen hätte.[1] Ebenso ist auch der (vorübergehende) Anstieg der In-

[1] Dies gilt auch für das hohe Zinsniveau des Jahres 1981. Auch wenn hier gerne außenwirtschaftliche „Zwänge“, vor allem das Zinsniveau in den Vereinigten Staaten, für die Hochzinspolitik ins Feld geführt werden, so ist doch zu sehen, daß der erklärte Wille der Bundesbank, sich einer Abwertung der D-Mark entgegenzustemmen, ursächlich für die jüngste Hochzinsphase in Deutschland war.

flationsraten von Herbst 1978 bis Ende 1981 schlecht in Verbindung zur Staatsverschuldung zu bringen. Jedenfalls bieten inflatorische Impulse von außen, vor allem die Wirkung der zweiten sprunghaften Erhöhung der Ölpreise, eine wesentlich bessere Erklärung der binnenwirtschaftlichen Preisentwicklung.

Die vorliegende Arbeit befaßt sich mit einer bestimmten Gruppe von Einwänden gegen eine Zunahme der Staatsverschuldung. Es sollen die monetären oder im weiteren Sinne finanziellen Aspekte der Staatsverschuldung angesprochen werden. Das sind die Argumente, eine hohe Nettokreditaufnahme des Staates wirke — in einer allgemeinen Umschreibung — „verzerrend“ auf die Dispositionen der Privaten an den Kredit- und Kapitalmärkten und verursache Zinswirkungen und Vermögensentscheidungen, welche hemmende Einflüsse auf die Investitionstätigkeit des privaten Sektors einer Wirtschaft ausübten. Diese Diskussion wird üblicherweise unter dem Oberbegriff „Verdrängungseffekte“ (crowding out) der Staatsverschuldung geführt. Die kategorische Verwendung des Begriffs „Verdrängung“ oder crowding „out“ bedeutet indes eine analytisch und empirisch unzulässige Einengung der möglichen Wirkungen einer Zunahme der Staatsverschuldung. Die ökonomischen Folgen einer Zunahme der Staatsverschuldung können auch darin bestehen, daß die Investitionstätigkeit der Privaten angeregt wird, daß also ein crowding „in“[2] auftritt.

Wenn die Möglichkeit eines crowding in nicht im vorhinein ausgeschlossen wird, dann darf ein anderer Zugang zum Problem gewählt werden, als er durch die inzwischen doch schon einigermaßen ausgetretenen Pfade der crowding out-Debatte geboten wird. Eine Möglichkeit, einen anderen Zugang zum Problem zu finden, besteht darin, die Zinswirkungen einer Änderung der Staatsverschuldung zu untersuchen und zu prüfen, ob die Entwicklung der Zinsen auf Staatsschuldtitel verläßliche Aussagen darüber macht, welche finanziellen Impulse auf die private Investitionstätigkeit ausgehen. Im Vordergrund sollen also die Fragen stehen, welche Zinswirkungen mit einer Änderung der Staatsverschuldung einhergehen können und wie die Vermögensentscheidun-

---

[2] Der Begriff „crowding in“ wird hier in Anlehnung an Benjamin Friedman gebraucht. Laut Benjamin Friedman geht der Begriff auf das Budget-Amt des Kongresses der USA zurück (Congressional Budget Office, Inflation and Unemployment: A Report of the Economy, June 30, 1975, zitiert nach Friedman, B. (1978) 597). Das Budget-Amt spricht von einem crowding in, wenn es dem Staat gelingt, aus einer Situation der Unterauslastung der gesamtwirtschaftlichen Kapazitäten kommend, die Gesamtnachfrage zu erhöhen und damit die Unternehmen via Erwartung eines zunehmenden Absatzes zu vermehrten Investitionen zu bewegen. Dieser Begriff stellt auf die realwirtschaftliche und nicht die finanzielle Seite der Wirkungen der Staatsverschuldung auf die Investitionstätigkeit der Privaten ab.

gen der Privaten beeinflußt werden. Dies sind die monetären oder im weiteren Sinne „finanziellen" Aspekte der Staatsverschuldung.

Ob und in welchem Ausmaß von Änderungen der Staatsverschuldung Wirkungen auf das Zinsniveau ausgehen, war für längere Zeit ein Thema, das nur geringes Interesse beanspruchen durfte. Die keynesianische Analyse der Liquiditätspräferenz wies nach, daß Veränderungen „des" Zinssatzes prinzipiell dem Zugriff der Notenbanken unterliegen, und daß dabei die Steuerung jenes Aktivums mit dem höchsten Liquiditätsgrad, genannt „Geld", eine wichtige Rolle spielt.[3]

Ernste Zweifel, ob die Notenbank in Deutschland die Kontrolle über das Niveau der Zinsen auch weiterhin behalten könne, wurden allerdings vor allem in den Jahren seit 1974 in der Öffentlichkeit laut. Dies war im Zusammenhang mit den Meldungen darüber zu sehen, daß nach einer längeren Phase einer mäßigen Zunahme der Staatsverschuldung für das Jahr 1975 und einige Zeit danach der Kreditbedarf der öffentlichen Hand sprunghaft auf außerordentlich hohe Beträge ansteigen würde und dementsprechend die Finanzmärkte in einem ungewöhnlichen Umfang Staatsschuldtitel aufzunehmen hätten. Dies gab damals Anlaß zu düsteren Prognosen für den Kapitalmarkt. Die Kredit- und Kapitalmärkte gäben das nicht her, was die öffentlichen Haushalte an Kreditwünschen an sie herantragen, oder wenn überhaupt, dann nur zu hohen und noch weiter steigenden Zinsen. Damit war plötzlich — so schien es — das Angebot an öffentlichen Schuldtiteln zum Hauptbestimmungsgrund des Zinsniveaus erklärt worden.

Die Wirklichkeit lief, wie bekannt ist, anders. Der im Vergleich zu früheren Jahren außergewöhnlich hohe Absatz an Schuldtiteln der öffentlichen Hand ging mehr oder weniger reibungslos vor sich, und vor allem zu sinkenden Zinsen. Dabei nahm das Tempo der Zinssenkung ein Ausmaß an, das vielfach als überraschend bezeichnet wurde.[4] Die

3 Die konkrete Definition des Begriffs „Geld" ist für die keynesianische Analyse von nachrangiger Bedeutung, da diese keinen scharfen Trennungsstrich zwischen „Geld" und „Nichtgeld"-Finanzaktiva braucht, um eine Theorie der Wirkungsweise des monetären Sektors konstituieren zu können. Entscheidend ist, daß Keynes eine monetäre Erklärung der Bewegungen des Zinssatzes begründet und damit eine Sicht, in welcher der Zinssatz von der Zentralbank beeinflußt werden kann, und eben nicht allein, wie in der klassischen Sicht, realwirtschaftlichen Faktoren unterliegt. Eine Gegenüberstellung der beiden Standpunkte findet sich z. B. bei Metzler (1951).

4 So bemerkte z B. das „Handelsblatt" in seiner Ausgabe von 10. 2. 1975: „Die Geschwindigkeit, in der sich der Zinssenkungsprozeß vollzieht, stellt alles Bisherige in den Schatten". Vier Wochen zuvor hatte dieselbe Zeitung in ihrer Ausgabe vom 10./11. 1. 1975 schon festgestellt. „Die größte Überraschung für viele Anleger dürfte die Entwicklung des Rentenmarktes im vierten Quartal 1974 gewesen sein: So starke Kurssteigerungen bei Rentenwerten innerhalb so kurzer Zeit hat es wohl seit Ende des zweiten Weltkriegs nicht mehr gegeben."

Tabelle 1

Kapitalmarktbeanspruchung öffentlicher Stellen und Kapitalmarktzins

Jahr	Kapitalmarkt-beanspruchung durch inländische öffentliche Stellen[a)]	Kapitalmarkt-beanspruchung durch inländische öffentliche Stellen in vH des Mittelaufkommens[b)]	Umlaufsrendite festverzinslicher Wertpapiere
	Mrd. DM	vH	%
1966	2,7	54,0	7,8
1967	10,5	76,6	7,0
1968	12,1	66,9	6,7
1969	8,2	63,6	7,0
1970	10,0	69,4	8,2
1971	11,8	57,3	8,2
1972	20,5	59,6	8,2
1973	8,9	35,6	9,5
1974	15,3	62,1	8,7
1975	37,4	92,5	10,6
1976	38,3	70,4	8,0
1977	37,8	74,9	6,4
1978	30,5	84,1	6,1
1979	21,2	49,0	7,6
1980	29,6	68,1	8,6
1981	34,0	50,7	10,6
1982	66,0	92,9	9,1

a) Anleihen der öffentlichen Hand + Kommunalobligationen.
b) Mittelaufkommen = Netto-Absatz (zu Kurswerten) inländischer Rentenwerte plus/minus Eigenbestandsveränderungen abzüglich Erwerb durch die Bundesbank (zu Buchwerten).

Quellen: Sachverständigenrat, Jahresgutachten 1982/83, Tab. 22; Deutsche Bundesbank, Monatsberichte, div. Jahrgänge.

Phase rückläufiger Zinsen am Kapitalmarkt dauerte bis zum Frühjahr 1978, danach kam es wieder zu einem Anstieg der Zinsen auf Staatsschuldtitel, welche dann ab Herbst 1981 von einem neuerlichen Rückgang abgelöst wurde.

Allein aus den Fakten ist noch nichts über einen systematischen Zusammenhang zwischen Änderungen der Staatsverschuldung und „dem“ Zinsniveau zu entnehmen. Die Verdoppelung der Nettokreditaufnahme im Jahre 1975 im Vergleich zu 1974 und die starke Zunahme der Kapitalmarktbeanspruchung durch inländische öffentliche Stellen (vgl. Tab.

1) war verbunden mit einer außergewöhnlich kräftigen Zinssenkung. Andererseits kam es 1978 und 1979 zu steigenden Zinsen am Kapitalmarkt, obwohl dies vom Quantum der Kapitalmarktbeanspruchung her gesehen nicht abzuleiten ist (die höchste Kapitalmarktbeanspruchung durch inländische öffentliche Stellen war im Jahr 1976 zu verzeichnen). Offensichtlich — der erste Augenschein legt dies jedenfalls nahe — können also mit einer bestimmten Zunahme der Staatsverschuldung sowohl sinkende als auch steigende Zinsen einhergehen. Dies gilt auch für einen Anstieg, der, gemessen an früheren Erfahrungen, für die Marktteilnehmer ungewohnt ist. Im vorhinein war dies nicht unbedingt zu erwarten. Ceteris paribus gilt jedenfalls, daß eine Zunahme der Staatsschuldtitel deren Preis, also die Kurse der Schuldtitel, drücken und damit die Ertragsrate, also die Rendite, nach oben treiben muß. Umgekehrtes gilt für eine Abnahme der Staatsschuldtitel. Aber offensichtlich hängt an dem Vorbehalt „ceteris paribus" Entscheidendes: Für die Zeiträume 1975 bis Anfang 1978 und seit Herbst 1981 ist die Analyse unter der Annahme „alles übrige unverändert" auf die Wirklichkeit nicht anwendbar, für die Phase Frühjahr 1978 bis Herbst 1981 könnte sie jedoch vielleicht mit einer gewissen Berechtigung angewendet werden. Das ist nun eine der zentralen Fragen dieser Arbeit: Von welcher Beschaffenheit sind denn diese „übrigen Umstände", die das eine Mal die direkte Zinswirkung der Änderung der Staatsverschuldung mehr als überspielen können, und die ein anderes Mal gestatten können, sie zum Tragen kommen zu lassen?

2. Ansatzpunkte der Untersuchung

Die in den Jahren 1974 und 1975 besonders häufig vorgebrachten Vermutungen, die starke Zunahme der Staatsverschuldung müsse die Kredit- und Kapitalmärkte in Bedrängnis bringen und die Zinsen kräftig nach oben treiben, waren gewiß nicht völlig aus der Luft gegriffen. Eine einfache Analogie zur Preisbildung auf den Gütermärkten legte solche Schlußfolgerungen nahe: Objekte, die mehr angeboten als sie nachgefragt werden, sinken im Preis. Eine starke Zunahme der Kreditaufnahme des Staates bedeutet eine entsprechende Erhöhung des Angebots an Staatsschuldtiteln; gibt es keine entsprechende Nachfrage nach solchen Titeln, dann fällt deren Preis, also der Kurs, und die Rendite steigt.

Es war damals die Skepsis weit verbreitet, ob dem stark steigenden Angebot an Staatsschuldtiteln auch eine entsprechende Nachfrage gegenüberstehen würde. Zum einen wurden saldenmechanische Zusammenhänge nicht erkannt, denen zufolge einem Finanzierungsdefizit des

Staates ein entsprechend hoher Einnahmenüberschuß der Privaten, damit eine gleich hohe Geldvermögensbildung gegenübersteht[5], so daß es also gar nicht um die Frage gehen konnte, ob die Finanzmärkte so viele Mittel aufbringen würden, wie die öffentlichen Haushalte nachfragten. Zum anderen kamen in hohem Maße psychologische Momente ins Spiel. Zweimal in diesem Jahrhundert hatte sich in Deutschland der Staat eines hohen Schuldenstandes durch Entwertung seiner Anleihen entledigt. Die Besorgnis, dies könne abermals eintreten, konnte auch gegen eine stark steigende Staatsverschuldung mobilisiert werden, die ihren Grund nicht in der Finanzierung eines Krieges hatte. Auch dies konnte Anlaß zur Vermutung geben, die Staatsschuldtitel würden am Markt im Wert heruntergehandelt.

Die Tatsache, daß das stark erhöhte Angebot an Staatsschuldtiteln in den Jahren 1975 bis 1977 zu steigenden Kurswerten der umlaufenden Anleihen untergebracht worden ist, daß also deren Preis gestiegen ist, weist darauf hin, daß die Nachfrage der Privaten nach Staatsschuldtiteln in dieser Phase größer war als das Angebot.[6] Hätte der Staat den Kurswert, damit auch die Rendite seiner Schuldtitel etwa konstant halten wollen, dann hätte er sich noch um weitaus mehr verschulden müssen, als dies der Fall war (ob dies sinnvoll gewesen wäre, ist eine andere Frage). Es war also so, daß der Erwerb von Staatsschuldtiteln offensichtlich eine vergleichsweise attraktive Vermögensanlage war. Auch wenn man in den Forderungen gegen den Staat eine Geldanlage minderer Bonität oder „Beliebtheit" sehen mochte, so muß es doch wohl so gewesen sein, daß alternative Vermögensanlagen „noch schlechter", also wesentlich riskanter oder weniger ertragreich waren. Zu den „übrigen Umständen", welche die direkte Zinswirkung einer Änderung der Staatsverschuldung überspielen können, gehören also die Risiken und die Erträge anderer Vermögensanlagen außer dem Erwerb von Staatsschuldtiteln. Diese noch grobe Umschreibung wird im Teil II dieser Arbeit präzisiert werden.

Der Zinssenkungsprozeß wurde allerdings auch von der Kreditpolitik gefördert. Es ist zu sehen, daß die Kapitalmarktrendite sich nicht völlig anders entwickeln kann als die Zinsen auf den übrigen monetären Märkten. Die verschiedenen monetären Märkte, auf denen Aktiva unterschiedlicher Laufzeiten gehandelt werden, sind untereinander verbunden, so daß die Zinsstruktur normalerweise einen einigermaßen glatten Verlauf hat. Die Kreditpolitik hat die Möglichkeiten, die Zinsstrukturkurve in gewissen Grenzen nach unten oder oben zu verschie-

---

5 Hierauf hat vor allem Stützel immer wieder hingewiesen; u. a. Stützel (1978) und Stützel (1978 a).

6 Analoges gilt für den Zeitraum seit Herbst 1981.

ben, also das Zinsniveau an allen monetären Märkten zu verändern. Die Macht dazu erhält sie dadurch, daß im Zinsgefüge Zinssätze eingezogen sind, die — zumindest dem Grundsatz nach — der direkten Beeinflussung durch die Notenbank unterliegen, wie z. B. der (Null-)-Zins auf Sichtguthaben bei der Notenbank, der Abgabesatz für Geldmarktpapiere, der Diskont- und der Lombardsatz sowie Sätze für Sonderrefinanzierungsarten. Variationen dieser „Verankerungen" der Zinsstruktur zusammen mit der Liquiditätspolitik der Notenbank beeinflussen die Zinsbildung am Geldmarkt und am Bankenkredit- und Bankeneinlagenmarkt und stecken damit auch den Relevanzbereich für den Kapitalmarktzins ab.[7] Tatsächlich wurden in Deutschland ab Ende 1974 die Notenbankzinsen herabgesetzt, die Bankenliquidität wurde deutlich angereichert. Dies hat das gesamte Zinsgefüge und damit auch den Relevanzbereich für die Wertpapierrendite gesenkt. Zu den „übrigen Umständen", die die direkte Zinswirkung der Staatsverschuldung modifizieren, gehört also auch der Kurs der Kreditpolitik.

3. Zur Methode der Untersuchung

Zur Erklärung des Einflusses der Staatsverschuldung auf Zinsen und Investitionstätigkeit — ein Ziel der vorliegenden Arbeit — müssen also die Entscheidungen der Privaten über die Aufteilung ihres Gesamtvermögens auf einzelne Anlagearten sowie der Kurs der Kreditpolitik mit herangezogen werden, wobei das eine nicht getrennt vom anderen untersucht werden kann.

Im theoretischen Teil dieser Arbeit wird eine Analyse der Vermögensentscheidungen der Privaten dargestellt. Für die theoretische Erklärung von Anpassungen der Vermögensbestände an exogen ausgelöste finanzielle Impulse sind Modelle, die mit Stromgrößen arbeiten, nur bedingt leistungsfähig. Die Analyse stützt sich deshalb auf die Theorie der Vermögenswahl oder, wenn man das Wort „Vermögen" durch den etwas modischeren Begriff „Portfolio" ersetzt, auf die Portfoliotheorie. Es wird ein Modell dargestellt, das einen flexiblen Rahmen für die Analyse bietet.

Dieses Modell hat einige Eigenschaften, welche eine detailliertere Untersuchung der Wirkungen der Staatsverschuldung gestatten als die bekannten keynesianischen Einkommen-Ausgaben-Modelle. Es geht hierbei besonders um solche Aktivitäten des Staates, die mit einer Ausgabe von Staatsschuldtiteln finanziert werden. Die Emission von Staatsschuldtiteln bedeutet eine entsprechende Zunahme des Wert-

---

[7] Vgl. Köhler (1977) 174 ff.

papierbesitzes der Privaten. Die Standard-Modelle vom IS-LM-Typ unterstellen einen negativen Zusammenhang zwischen dem Zinssatz auf Wertpapiere und den Investitionsausgaben der Privaten. Damit geht in diese Modelle die Annahme ein, daß Finanzaktiva und Sachkapital aus der Sicht der Privaten sehr gute Substitute sind. Austauschvorgänge zwischen den beiden Vermögensobjekten bewirken, daß sich die Ertragsrate auf Finanzaktiva und die interne Verzinsung einer Sachkapitalanlage beständig angleichen. Dahinter steht ein Investitionskalkül gemäß dem Satz: Die Privaten weiten ihre Investitionen bis zu dem Punkt aus, an welchem die interne Verzinsung einer Sachanlage dem Marktzinsfuß gleich ist.[8] Diese Annahme der substitutiven Beziehung impliziert, daß das Renditedifferential zwischen der internen Verzinsung von Sachkapital und dem Zinssatz auf Finanzaktiva konstant ist. Ist die eine Rendite bestimmt, so ist es auch die andere.

Nun ist eine substitutive Beziehung zwischen Finanzanlagen und Sachaktiva ein Spezialfall unter einer breiteren Klasse von Fällen. Es ist nicht schon im vorhinein ausgeschlossen, daß die beiden Vermögensobjekte auch in einer komplementären Beziehung zueinander stehen können. Dann ist aber der Abstand zwischen den Renditen auf Wertpapiere und Sachanlagen nicht mehr konstant, sondern variabel; er kann sich vergrößern und verkleinern. Das Modell, das der Untersuchung zugrunde liegt, kann dies erfassen. Es erlaubt eine Erklärung der Bildung der Ertragsraten verschiedener Vermögensobjekte unabhängig voneinander. Die restriktive Annahme der Konstanz von Renditedifferentialen wird nicht benötigt. Dies hat einige Konsequenzen.

Ist der Abstand zwischen den Renditen auf Finanzaktiva und der Grenzleistungsfähigkeit des Kapitals variabel, dann ist allein an der Entwicklung der Zinsen für staatliche Wertpapiere nicht mehr abzulesen, welchen Einfluß die Staatsverschuldung auf die Investitionstätigkeit der Privaten hat. Es muß eine weitere Ertragsrate in die Analyse eingeführt werden, welche die Einflüsse der Emission zinstragender Staatsschuldtitel auf die Investitionsentscheidungen anzeigt. Diese Rolle erfüllt die Kapitalkosten-Variable. Ob das Ergebnis von Schuldenoperationen des Staates ein crowding out oder ein crowding in ist, ist im Rahmen der bestandstheoretischen Analyse an der Entwicklung der Kapitalkosten abzulesen und *nicht* an der Größe des Staatsausgaben-Multiplikators. Das Modell und dessen Eigenschaften werden im 3. Abschnitt des Teils II dieser Arbeit behandelt.

---

[8] Ciccolo und Fromm folgend geht dieser Satz auf Marshall zurück; vgl. Ciccolo, Fromm (1979) 535; sie beziehen sich auf Marshall (1890).

Im Rahmen des Modells kommt dem relativen Abstand zwischen zwei Bewertungen von Sachkapitalanlagen, nämlich der Marktbewertung und der Bewertung zu Wiederbeschaffungskosten, eine große Bedeutung zu. Finanzielle Ereignisse, also auch eine Änderung der Staatsverschuldung, wirken dadurch auf den realen Sektor der Wirtschaft, daß sie den Abstand zwischen diesen beiden Bewertungen verändern. Dies ist äquivalent zu einer Veränderung des Abstandes zwischen der Grenzleistungsfähigkeit des Kapitals und den Kapitalkosten. Der relative Abstand wird jeweils durch das Tobinsche q erfaßt. Dieses Konzept hat mittlerweile auch Eingang in die deutschsprachige Literatur gefunden, seine ökonomische Interpretation ist freilich noch umstritten. Wegen der zentralen Bedeutung des Tobinschen q für die hier vorgelegte Analyse und für den Transmissionsmechanismus der Geldpolitik werden im 4. Abschnitt des Teils II die Beziehungen zwischen Grenzleistungsfähigkeit, Kapitalkosten und Marktbewertung des Sachkapitals etwas ausführlicher behandelt. Damit soll auch zur Klärung einiger Interpretationsschwierigkeiten beigetragen werden. Die in diesem Abschnitt dargelegten Fälle der Änderung von q dienen ferner zur Vorbereitung der empirischen Untersuchungen.

Keynesianischer Tradition folgend wird die Analyse vorwiegend auf eine solche Frist angewandt, welche auch für die praktische Wirtschaftspolitik relevant ist. Das ist die „kürzere“ Frist, wobei aber „kurz“ nicht durch irgendeinen diskretionären Zeithorizont gekennzeichnet ist (1 Jahr, 2 Jahre oder ähnliches), sondern durch analytische Eigenschaften, die ihre Entsprechung in empirischen Beobachtungen haben. Eine wichtige Eigenschaft dieser Frist ist es, daß reale Größen beweglich sind, während sich das Preisniveau nur zäh verändert.

Obwohl es methodisch durchaus möglich ist, die „lange“ Frist als eine Sequenz kurzer Fristen zu begreifen, soll doch die Untersuchung langfristiger Zustände des Systems nicht gänzlich ausgeklammert werden. Die lange Frist wird durch einen (gedachten) Zustand gekennzeichnet, den das System erreicht, wenn alle Anpassungsvorgänge abgeschlossen sind, die durch eine Änderung der Staatsverschuldung und der Geldpolitik ausgelöst werden, und wenn keine neuen exogenen Impulse auftreten. Auf die lange Frist muß auch zugelassen werden, daß sich unterschiedliche Preisniveaus einstellen können. Der langfristige Zustand läßt sich mit einer Analyse beschreiben, bei der sich alle Inputs und Outputs des Modells im selben Verhältnis verändern (steady state). Dies ist Gegenstand des 5. Abschnitts im Teil II.

Das Modell wird alternativ mit neo-keynesianischen und mit monetaristischen Annahmen ausgestattet, und es werden die jeweiligen Ergebnisse dargestellt. Das Modell läßt sowohl ein crowding out als ein crowding in zu, es trifft also keine Vorentscheidung. Es können aber die Bedingungen aufgezeigt werden, die zum jeweiligen Ergebnis führen. Dabei ist das Modell so konstruiert, daß sich diese Bedingungen empirisch nachprüfen lassen. Im empirischen Teil der Arbeit (Teil III) wird untersucht, mit welchen Annahmen das Modell Ergebnisse liefert, die die Vorgänge der Wirklichkeit einigermaßen zuverlässig abbilden und erklären können. Es wird sich dabei unter anderem zeigen, daß die neo-keynesianische Analyse der Funktionsweise des finanziellen Sektors eine wesentlich bessere Erklärung der Realität bietet als die monetaristische. Eine besondere Rolle kommt dabei dem Verhältnis zwischen Finanzaktiva und Sachaktiva zu, wie es aus der Sicht der Vermögen haltenden Wirtschaftseinheiten eingeschätzt wird. Die Hypothese der Monetaristen wird bezweifelt werden müssen, nach der alle Vermögensbestände, seien es Sichtguthaben, Bundesschatzbriefe oder Ausrüstungen der Unternehmen, im Prinzip gleich gute Substitute zueinander seien, daß also Änderungen der „Geldmenge" über eine nahtlose Substitutionskette in Änderungen der Nachfrage nach Sachaktiva, nach Konsum- und Investitionsgütern, transformiert würden. Es werden empirische Belege dafür vorgebracht werden, daß das Verhältnis zwischen Finanzaktiva und Sachaktiva in der Realität nicht substitutiv, sondern eher komplementär ist, und daß dies eine wesentliche Rolle für die Zinsbildung am Markt für Staatsschuldtitel und deren Wirkungen auf die Investitionstätigkeit spielt. Den Abschluß der Arbeit bilden einige Ausführungen über Zusammenhänge zwischen Kreditpolitik und Staatsverschuldung. Es werden einige Schlußfolgerungen für das Schuldenmanagement (debt management) diskutiert, welche die Analyse nahelegt.

TEIL I

Zu den Fakten

1. Überblick über die Entwicklung der Staatsverschuldung in der Bundesrepublik

Es erscheint zweckmäßig, einer Untersuchung der monetären Wirkungen der Staatsverschuldung einen Überblick über die relevanten Größen und deren Entwicklung im Zeitablauf voranzustellen. Dies kann einen ersten Eindruck vermitteln, welche Vermutungen über Zusammenhänge zwischen Kapitalmarktzinsen und einer Änderung der Staatsverschuldung sich allein aus den Fakten ablesen lassen. Theoretische Überlegungen sollen hier noch keine Rolle spielen. Das Interesse gilt zunächst dem Stand der Verschuldung der öffentlichen Haushalte, der Nettokreditaufnahme öffentlicher Stellen und dem Finanzierungssaldo. In Tabelle 2 ist die Entwicklung dieser drei Größen im Zeitraum 1950 bis 1981 zusammengestellt.

Die Tabelle zeigt, daß die Schulden aller Gebietskörperschaften in der Bundesrepublik (Bund, Länder, Gemeinden einschließlich Sondervermögen ERP und LAF und Zweckverbände, aber ohne Sozialversicherung) von 18,7 Mrd. DM im Jahr 1950 bis auf 614,8 Mrd. DM im Jahr 1982 angewachsen sind. Die Höhe des Schuldenstandes besagt aber noch nicht viel über die Belastung der Kredit- und Kapitalmärkte durch die Staatsverschuldung. Bis Mitte der 60er Jahre bildeten nämlich solche Schulden, die nicht aus einer Kreditaufnahme stammten, den größten Block der Gesamtverschuldung. Das sind einmal die Altschulden, die aus der Zeit vor der Währungsreform übernommen worden sind. Hinzu kamen in den 50er Jahren noch Auslandsschulden, nachdem mit dem Londoner Abkommen vom 27. Februar 1953 die Abwicklung deutscher Vorkriegsschulden, die auf fremde Währungen lauteten, geregelt worden war.

Als das Hauptbuch der Reichsschuld, welches von der Reichsschuldenverwaltung geführt worden war, am 21. April 1945 geschlossen wurde, beliefen sich die Reichsschulden auf rund 490 Mrd. Reichsmark.[1] Die

[1] Nach Zahlenangaben des Bundesministeriums der Finanzen; vgl. Statistische Übersichten (1981) 460. Pfleiderer, einer der „Väter" der Währungsreform, beziffert die Reichsschulden am Ende des Krieges auf 400 Mrd. Reichsmark; vgl. Pfleiderer (1978) 14.

Tabelle 2

Schuldenstand, Nettokreditaufnahme und Finanzierungssalden der Gebietskörperschaften[a)]

Jahr	Schuldenstand[b)] Gebietskörperschaften insgesamt[c)] Mio. DM	darunter Bund Mio. DM	Nettokreditaufnahme Insgesamt Mio. DM	darunter Bund Mio. DM	Finanzierungssaldo in Mrd. DM	in vH des BSP
1950	18 743	6 068	604	196	— 1,7	— 1,7
1951	21 625	7 584	573	— 11	— 1,3	— 1,1
1952	24 314	8 601	1 751	682	— 0,1	— 0,0
1953	33 694	15 591	2 293	504	+ 0,4	+ 0,2
1954	38 967	17 933	1 328	— 245	+ 0,7	+ 0,4
1955	41 444	18 143	1 383	— 304	+ 2,6	+ 1,4
1956	43 011	20 639	759	— 660	— 1,3	— 0,6
1957	44 717	20 000	1 747	— 538	— 4,3	— 1,9
1958	47 552	20 762	2 034	— 410	— 3,9	— 1,6
1959	50 490	21 883	1 753	490	— 1,8	— 0,7
1960	51 892	22 285	596	— 61	+ 0,9	+ 0,3
1961	56 417	25 887	— 8	— 936	+ 2,4	+ 0,7
1962	59 140	26 402	2 163	297	— 1,9	— 0,5
1963	64 885	28 307	5 415	1 965	— 5,3	— 1,4
1964	72 503	30 497	5 396	583	— 5,6	— 1,3
1965	80 679	31 119	6 917	113	— 9,4	— 2,0
1966	88 616	32 677	5 815	218	— 7,7	— 1,6
1967	104 433	40 763	12 964	6 642	— 12,1	— 2,5
1968	114 136	45 652	10 711	5 757	— 7,4	— 1,4
1969	115 767	45 238	2 460	1	+ 2,5	+ 0,4
1970	123 174	47 746	6 494	1 107	— 5,8	— 0,9
1971	137 095	49 833	13 926	1 441	— 11,9	— 1,6
1972	154 187	54 465	15 380	3 976	— 18,8	— 2,3
1973	165 312	57 114	11 398	2 677	— 7,1	— 0,8
1974	188 811	69 420	22 459	9 475	— 24,7	— 2,5
1975	253 142	107 094	53 627	29 925	— 63,8	— 6,2
1976	292 253	125 344	46 749	25 783	— 48,0	— 4,3
1977	325 218	147 903	31 685	21 819	— 31,2	— 2,6
1978	365 457	176 202	40 672	26 088	— 40,3	— 3,1
1979	409 102	201 517	43 455	25 658	— 46,1	— 3,3
1980	468 612	232 320	53 840	27 120	— 57,4	— 3,9
1981	545 617	273 114	69 560	37 390	— 76,6	— 4,9
1982	614 820	309 064	67 345	37 175	— 70,3	— 4,4

a) Rechnungsjahre bis 1959: 1. April bis 31. März, 1960 Rumpfrechnungsjahr von 9 Monaten, ab 1961 Rechnungsjahr gleich Kalenderjahr.
b) Erhebungsstichtag der Schuldenstatistik war bis 1959 der 31. März des darauffolgenden Jahres, ab 1960 der 31. Dezember.
c) Bund, Länder, Gemeinden, Sondervermögen ERP und LAF, jedoch ohne Sozialversicherung.

Quellen: 1950 - 1979: Statistische Übersichten zur staatlichen Kreditfinanzierung, bearbeitet im Bundesministerium der Finanzen, in: Simmert, D. B. und Wagner, K.-D. (Hrsg.), Staatsverschuldung — kontrovers, Köln 1981, S. 451 ff.; 1980 - 1982: Sachverständigenrat, Jahresgutachten 1982/83, Anhang VI; Finanzbericht des Bundesministeriums der Finanzen 1984.

Reichsschulden blieben zwar formal noch weiter bestehen, aber eine Zinsbedienung war nicht mehr möglich. Die Reichsschuldtitel waren zum größten Teil bei der Reichsbank, bei den Banken und Sparkassen sowie Bausparkassen und Versicherungen untergebracht, die als Gegenposten entsprechend umfangreiche private Einlagen und Verbindlichkeiten gegenüber Privaten unterhielten. Durch die Währungsreform — mit Wirkung vom 21. Juni 1948 wurde die Reichsmark durch die Deutsche Mark abgelöst — erloschen die Schuldverhältnisse mit dem Reich. Was die Banken, Bausparkassen und Versicherungen nach dem „Zusammenstreichen“[2] ihrer nunmehr auf D-Mark lautenden Verbindlichkeiten an Gegenposten auf der Aktivseite ihrer Bilanzen brauchten, erhielten sie in Form von „Ausgleichsforderungen“ an die öffentliche Hand. Zugeteilt wurden damals 16,9 Mrd. DM solcher Ausgleichsforderungen[3], das war nahezu der vollständige Betrag an Inlandsschulden (17,3 Mrd. DM), mit denen die öffentlichen Stellen die Zeit nach der Währungsreform begannen. Hinzu kamen in den 50er Jahren 13,7 Mrd. DM Auslandsschulden, mit denen die Gebietskörperschaften, überwiegend der Bund, aus dem Londoner Schuldenabkommen belastet worden waren. Dies drückt sich in dem vergleichsweise starken Anstieg der Verschuldung vom Jahr 1952 auf 1953 aus.

Die Altschulden und die Auslandsschulden machten bis Mitte der 60er Jahre den größten Teil der gesamten Verschuldung öffentlicher Haushalte in Deutschland aus. Die Aufnahme von Schulden aus Kreditmarktmitteln spielte eine untergeordnete Rolle. Der Anteil der Schulden aus Kreditmarktmitteln betrug für den Bund im Jahr 1955 etwa 12 vH und 1960 etwa 15 vH. Dies bedeutete, daß die Staatsverschuldung nur eine geringe Belastung für den deutschen Kapitalmarkt darstellte. Das Bild änderte sich erst in den 70er Jahren grundlegend. Im Jahr 1970 stammten bereits 71 vH und 1979 sogar 94 vH der Schulden des Bundes aus aufgenommenen Kreditmarktmitteln. Für die Länder ergeben sich ähnliche Relationen.[4]

Inwieweit die inländischen Kredit- und Kapitalmärkte zur Haushaltsfinanzierung der Gebietskörperschaften beansprucht worden sind,

---

[2] Pfleiderer (1978) 14.

[3] Später wurden die Ausgleichsforderungen größer, da die endgültige Bestätigung der Umstellungsbilanzen sich für eine Reihe von Finanzinstituten über mehr als zehn Jahre hinzog. Insgesamt wurden 22,2 Mrd. DM Ausgleichsforderungen zugeteilt, davon sind bis Ende 1981 5,6 Mrd. DM getilgt worden. (Nach Zahlenangaben der Deutschen Bundesbank. Die Bundesbank veröffentlicht diese Angaben in ihren Monatsberichten, und zwar in der Tab. VII. 12. im statistischen Teil).

[4] Die Anteile der Schulden aus Kreditmarktmitteln an der Gesamtverschuldung der Länder betrugen 1955: 18 vH, 1960: 35 vH, 1970: 72 vH, 1979: 95 vH.

drückt sich in der Veränderung der Schulden aus Kreditmarktmitteln aus[5], also in der Nettokreditaufnahme. Das ist die Bruttokreditaufnahme abzüglich Tilgungen („Umschuldungen"). Tab. 2 zeigt, daß die Nettokreditaufnahme der Gebietskörperschaften in der Bundesrepublik bis 1966 keine nennenswerten Größenordnungen angenommen hatte. Die 10-Milliarden-Grenze wurde erstmals 1967 und 1968 überschritten, jedoch blieben auch in diesen beiden Jahren die Kreditwünsche der Gebietskörperschaften noch in vergleichsweise bescheidenen Grenzen, jedenfalls gemessen an den Größenordnungen der Nettokreditaufnahme in den Jahren 1975 und danach.

Im Deutschland der Nachkriegszeit waren also über 20 Jahre lang die Kredit- und Kapitalmärkte an den Umgang mit Staatsschuldtiteln nicht gewöhnt. Es verwundert nicht, daß 1974 — als die ersten Meldungen über den grundlegenden Wechsel des Auftritts des Staates bekannt wurden — die Öffentlichkeit ziemlich betroffen reagierte und weithin die Meinung vorherrschte, die Nachfrage nach Schuldtiteln des Staates könne im Jahr 1975 niemals so groß sein wie dessen Angebot an solchen Titeln. Allenfalls die Vertreter der Saldenmechanik konnten den Trost bereit halten, daß im Geldkreislauf ja nichts versickere und mithin die Ausgabenüberschüsse des Staates an irgendwelchen anderen Stellen zu Einnahmenüberschüssen führen müssen.[6] Aber die Saldenarithmetik der Mengen macht noch keine Aussagen über die Preise, in diesem Fall die Kurswerte der Staatsschuldtitel und damit deren Renditen.

In der hohen Nettokreditaufnahme des Jahres 1975 kommt das Bemühen des Staates zum Ausdruck, der — so die offizielle Begründung — Rezession entgegenzuwirken und beschäftigungspolitische Ziele zu erreichen[7], wie es dem Konzept der antizyklischen Finanzpolitik entspricht. Dieses Konzept hätte es allerdings nahegelegt, spätestens 1979, als die „Normalauslastung" des gesamtwirtschaftlichen Produktionspotential überschritten war[8], die Nettokreditaufnahme deutlich zurück-

---

[5] Unter Schulden aus Kreditmarktmitteln werden in der Finanzstatistik solche Inlandsschulden aufgeführt, die seit dem 21. 6. 1948 aufgenommen worden sind.

[6] Vgl. u. a. Stützel (1978), DIW (1972), Ifo-Institut (1974).

[7] Im Finanzbericht 1976 des Bundesministeriums der Finanzen heißt es auf S. 7: „Angesichts des Zurückbleibens der privaten Binnennachfrage und der Auslandsnachfrage im bisherigen Jahresverlauf ist selbst das für 1975 nunmehr erwartete Finanzierungsdefizit des öffentlichen Gesamthaushalts von rd. 76 Mrd. DM durchaus konjunkturgerecht." Eine Bewertung aus finanzwissenschaftlicher Sicht findet sich bei Ehrlicher, Rohwer (1978).

[8] Gemessen am Produktionspotential, wie es der Sachverständigenrat berechnet (vgl. Sachverständigenrat (1982) 47, Schaubild 10).

zuführen[9]. Das war nicht der Fall, die Gründe dafür sollen hier nicht erörtert werden.

Durch den gewollten antizyklischen Einsatz der öffentlichen Haushalte hat sich das Ausmaß der Nettokreditaufnahme zwischen den einzelnen Gebietskörperschaften in den 70er Jahren deutlich verschoben. In den Jahren 1970 bis 1973 betrug die Nettokreditaufnahme der Gemeinden jeweils etwas mehr als die Hälfte der Zunahme der Verschuldung aller Gebietskörperschaften aus der Aufnahme von Kreditmarktmitteln. Der Bund hatte sich vergleichsweise zurückgehalten, seine Aufnahme an Kreditmitteln war in dem genannten Zeitraum noch kleiner als jene der Länder. Ab 1975 haben sich die Relationen umgekehrt; der Bund zeichnete bis 1979 für etwa zwei Drittel der Nettokreditaufnahme der Gebietskörperschaften insgesamt verantwortlich, der Anteil der Gemeinden liegt ab 1977 deutlich unter 10 vH.

In Tab. 2 ist neben der Nettokreditaufnahme der Finanzierungssaldo der Gebietskörperschaften dargestellt. Die beiden Größen unterscheiden sich durch die Entnahme oder Zuführung an Rücklagen und die Münzeinnahmen, die dem Bund zustehen. Zu nennenswerten Unterschieden zwischen den beiden Größen kam es in den 50er Jahren und in den 70er Jahren.

1953 und 1954 hatte der Bund Sonderrücklagen bei der Bank deutscher Länder in Höhe von rd. 4 Mrd. DM gebildet, um für unvorhersehbare Belastungen aus dem Verteidigungshaushalt gewappnet zu sein. Mit Wirkung vom 1. Mai 1955 war die Bundesrepublik Mitglied der Nato geworden, und das bedeutete die Verpflichtung, eine eigene Armee aufzustellen. Bereits in den Haushaltsplan 1955 waren beträchtliche Mittel für Verteidigungsausgaben (Stationierungskosten und Beginn der Errichtung der Bundeswehr) eingestellt. Der Zeitplan für den Aufbau der Verteidigungskräfte konnte jedoch nicht eingehalten werden, die Haushaltsausgaben blieben 1955 weit hinter den Ansätzen zurück. Im Jahr 1955 wurden dadurch die Sonderrücklagen um weitere 3 Mrd. DM erhöht, so daß der Bund Ende des Rechnungsjahres 1955 einen Schatz von rund 7 Mrd. DM angehäuft hatte — den „Juliusturm“.[10]

Die Ansammlung so hoher Rücklagen hatte indes nicht den Beifall der Öffentlichkeit gefunden. Der damalige Finanzminister Schäffer wurde durch Etzel abgelöst, der das Schlagwort vom „Haushalt am Rande des Defizits“ ausgab.[11] In den Rechnungsjahren 1957 bis 1959

---

9 Vgl. Sachverständigenrat (1979) Ziffern 321 f.

10 Vgl. Adami (1970) 57 f.

11 Etzel (1959) 114.

war das Finanzierungsdefizit um einiges höher als die Nettokreditaufnahme, es kam zur Korrektur der Entwicklung der Jahre 1953 bis 1955, in denen ein Finanzierungsüberschuß mit einer positiven Nettokreditaufnahme einhergegangen war. Damals wurde die Politik als „Diktat der leeren Kassen“ bezeichnet[12]; aus heutiger Sicht würde man freilich unter „leeren Kassen“ wohl etwas anderes verstehen.

Zu ausgeprägten Rücklagenbewegungen kam es auch in den 70er Jahren. Von 1969 bis 1971 hatten Bund und Länder 10 Mrd. DM Sondereinlagen bei der Bundesbank gebildet, davon waren 4,1 Mrd. DM obligatorische und freiwillige Konjunkturausgleichsrücklagen, 5,9 Mrd. DM entstammten dem am 6. Juli 1970 beschlossenen rückzahlbaren Konjunkturzuschlag zu den Einkommensteuern. Die Sondereinlagen aus dem Konjunkturzuschlag waren zwar bis 1972 weitgehend wieder abgebaut. Aber vor allem durch die Begebung einer Stabilitätsanleihe und die Erhebung des Stabilitätszuschlags, deren Gegenwerte auf Sonderkonto bei der Bundesbank stillgelegt wurden, verfügten Bund und Länder Ende 1974 wieder über 10,8 Mrd. DM Rücklagen, die zur Haushaltsfinanzierung eingesetzt werden konnten. Diese wurden weitgehend in den Jahren 1975 (7,3 Mrd. DM) und 1976 (3,2 Mrd. DM) aufgelöst. Mit dadurch bedingt wurden die Kredit- und Kapitalmärkte in diesen Jahren nicht in der Höhe des tatsächlichen Finanzierungsdefizits beansprucht, sondern zum Beispiel 1975 um rund 10 Mrd. DM weniger. Freilich war das ein Unterschied, der die Marktteilnehmer an den Kredit- und Kapitalmärkten offenbar nicht sehr viel beruhigen konnte.

2. Zinsentwicklung in der Bundesrepublik

Tab. 3 gibt einige Informationen über die Zinsentwicklung in der Bundesrepublik. Sie beginnt mit dem Jahr 1955, da erst ab diesem Jahr Angaben der Bundesbank über die Kapitalmarktrendite verfügbar sind. Im Verlauf des nominalen Kapitalmarktzinses, repräsentiert durch die Umlaufsrendite inländischer Rentenwerte, sieht man das bekannte Bild der zyklischen Entwicklung der Zinsen, allerdings dadurch etwas überdeckt, daß sich in den 70er Jahren die Zinsbildung auf höherem Niveau vollzogen hat als in den 60er Jahren.

Ein plausibler systematischer Zusammenhang zwischen der Nettokreditaufnahme der öffentlichen Hand und dem Kapitalmarktzins ist nicht unmittelbar zu erkennen. Zu einer Nettokreditaufnahme der Gebietskörperschaften in einer erwähnenswerten Größenordnung kam es in den 60er Jahren nur 1967 und 1968, beides waren Jahre sinkender Kapitalmarktzinsen. In den 70ern kam es zu einer starken Nettokredit-

[12] Vgl. Adami (1970) 58.

Tabelle 3

Entwicklung ausgewählter Zinssätze

Jahr	Nominaler Kapitalmarktzins[a)]	Satz für Dreimonatsgeld[b)]	Preissteigerungsrate[c)]	Realer Kapitalmarktzins[d)]	„Rendite" des Sachkapitals[e)]
1955	6,1	4,2	+ 1,6	4,4	.
1956	6,3	6,2	+ 2,5	3,7	.
1957	7,1	5,0	+ 2,2	4,8	.
1958	6,5	3,6	+ 2,0	4,4	.
1959	5,8	3,2	+ 1,1	4,6	.
1960	6,3	5,1	+ 1,4	4,8	16,7
1961	5,9	3,6	+ 2,3	3,5	14,8
1962	6,0	3,4	+ 2,9	3,0	13,5
1963	6,1	4,0	+ 2,9	3,1	12,5
1964	6,2	4,1	+ 2,3	3,8	12,5
1965	6,8	5,1	+ 3,3	3,4	12,1
1966	7,8	6,6	+ 3,6	4,1	11,5
1967	7,0	4,3	+ 1,6	5,3	11,0
1968	6,7	3,8	+ 1,6	5,0	12,3
1969	7,0	5,8	+ 1,9	5,0	11,4
1970	8,2	9,4	+ 3,4	4,6	10,7
1971	8,2	7,1	+ 5,3	2,8	9,9
1972	8,2	5,6	+ 5,5	2,6	9,6
1973	9,5	12,1	+ 6,9	2,4	9,3
1974	10,6	9,9	+ 7,0	3,4	8,4
1975	8,7	5,0	+ 6,0	2,5	8,2
1976	8,0	4,3	+ 4,3	3,7	8,9
1977	6,4	4,4	+ 3,7	2,7	8,6
1978	6,1	3,7	+ 2,7	3,4	8,8
1979	7,6	6,7	+ 4,1	3,5	8,5
1980	8,6	9,5	+ 5,5	3,1	7,5
1981	10,6	12,1	+ 5,9	4,7	6,9
1982	9,1	8,9	+ 5,3	3,8	6,9

a) Umaufsrendite inländischer Rentenwerte, Jahresdurchschnitt.
b) Jahresdurchschnitt.
c) Veränderungsrate im Vorjahresvergleich des Preisindex für die Lebenshaltung aller privaten Haushalte; bis 1962 Preisindex für die Lebenshaltung eines 4-Personen-Arbeitnehmer-Haushalts mit mittlerem Einkommen. Basis 1970 = 100.
d) Nominaler Kapitalmarktzins abzüglich Preissteigerungsrate.
e) Bruttoeinkommen aus Unternehmertätigkeit und Vermögen in Relation zum Nettoanlagevermögen.

Quellen für Grundzahlen: Sachverständigenrat, Jahresgutachten 1981/82, Anhang VI; Stat. Bundesamt, Fachserie 18 Volkswirtschaftliche Gesamtrechnungen, Reihe 1 Konten und Standardtabellen, div. Jahrgänge; Deutsche Bundesbank. Monatsberichte, div. Jahrgänge.

aufnahme 1975 und danach, aber auch dies waren Jahre, in denen die Kapitalmarktrendite zurückging, genauer gesagt, bis Mitte 1978. Nach diesem Zeitpunkt trat eine Zinswende ein, die sich aber bei einer Nettokreditaufnahme vollzog, welche kleiner war als in den Jahren 1975 und 1976.

Dagegen wird der Einfluß der monetären Politik durchaus ersichtlich. Betrachtet man den Geldmarktsatz für Dreimonatsgeld als eine — zugegebenermaßen grobe — Annäherung an eine Größe, welche die zins- und liquiditätspolitischen Maßnahmen der Bundesbank gebündelt reflektiert[13], so läßt sich ablesen, daß diese Maßnahmen auch die Kapitalmarktrendite erreicht haben. In den meisten Jahren stimmen Bewegungsrichtung und zyklische Hoch- und Tiefpunkte zwischen dem Satz für Dreimonatsgeld und der Kapitalmarktrendite überein. Zu Beginn der 70er Jahre wird dieser Zusammenhang etwas überdeckt, aber nach Überschreiten der scharfen monetären Restriktion in den Jahren 1973 und 1974 ist zumindest die Bewegungsrichtung der beiden Sätze wieder die gleiche.

Ein bemerkenswertes empirisches Phänomen stellt der Verlauf des realen Kapitalmarktzinses dar. In Tab. 3 ist als „realer" Kapitalmarktzins einfach ein deflationierter Nominalzins dargestellt, in diesem Falle die Umlaufsrendite inländischer festverzinslicher Wertpapiere abzüglich der Veränderungsrate (im Vorjahresvergleich) des Preisindex für die Lebenshaltung.[14] Wie zu ersehen, ist in der Entwicklung dieser Reihe eine markante Änderung an der Wende von den 60er zu den 70er Jahren eingetreten. Im Jahr 1967 hatte der reale Kapitalmarktzins 5,3 %, 1968 und 1969 jeweils 5 % betragen. In den Jahren 1971 bis 1973 lag er hingegen bereits unter 3 %, so niedrige Werte waren im Zeitraum davor nicht erreicht worden. Es folgte danach eine leichte Erholung, aber im Jahr 1977 erreichte der reale Kapitalmarktzins seinen niedrigsten Stand seit 1955. Faßt man größere Zeiträume zusammen, so ergibt sich, daß im Durchschnitt der Jahre 1955 bis 1970 der reale langfristige Zinssatz etwas mehr als 4 % betragen hatte, während von 1971 bis zum bisherigen Tiefstand 1977 am Kapitalmarkt nur noch ein Realzins von 2,9 % zu erhalten war.

Diese Bewegung des Realzinsniveaus bedarf einer Erklärung. Da es in diesem Teil noch nicht um theoretische Überlegungen geht, sollen Fakten und Plausibilitätsüberlegungen herangezogen werden. Eine Erklärung dafür, daß das Realzinsniveau in den 70er Jahren deutlich niedriger war als in den 60ern, könnte darin bestehen, daß der Kapitalmarkt die Inflationsraten in den 60er Jahren sehr viel besser anti-

---

13 Diese Sicht ist auch mit den neueren konzeptionellen Vorstellungen der Bundesbank durchaus vereinbar; vgl. die Ausführungen über die „mittelbare" Steuerung der Zentralbankgeldmenge, in: Deutsche Bundesbank (1982), insbes. Ziff. 93 ff.

14 Für einen Problemaufriß mag es genügen, diese gängige Art der Ermittlung eines Realzinses auf Finanzaktiva zu verwenden. Die Methode ist freilich nicht unproblematisch; siehe Gebauer (1976) und Gebauer (1982), insbes. 136 ff.

zipiert hat als in den 70ern. Dies will freilich nicht ohne weiteres einleuchten. Nach weithin akzeptiertem Urteil ist in den 70er Jahren die Geldwert-„Illusion“ in allen Bereichen, in denen über Nominalwerte lautende Verträge abgeschlossen werden, zunehmend geschwunden.[15] Daß ausgerechnet der Kapitalmarkt hiervon eine Ausnahme gemacht haben sollte, wäre, intuitiv beurteilt, schwer verständlich. Jedenfalls hätten die Geldanleger am Kapitalmarkt einen Rückgang der Realverzinsung nicht zu akzeptieren brauchen, wenn andere Vermögensanlagen zur Verfügung gestanden hätten, die höhere reale Renditen geboten hätten, oder für die die Erwartung höherer realer Verzinsung bestanden hätte.

Eine alternative Anlageform, die — zumindest in der Sicht der Vermögensanleger — den „Vorzug“ aufweist, von der Inflation zu profitieren, stellt der Erwerb von Sachkapital oder von Beteiligungspapieren (verbriefte Ansprüche auf Sachkapital) dar. Diese Anlageform unterscheidet sich zwar durch spezifische Risiken von den Finanzaktiva; hätte sie aber die Aussicht auf wesentlich höhere reale Erträge geboten, so wären dem Kapitalmarkt weniger Mittel zugeflossen, und der Realzins hätte höher sein müssen. Aber eine solche Konkurrenzbeziehung bestand offensichtlich nicht. Eine — allerdings rein empirische — Erklärung ergibt sich, wenn man die Ertragslage im Sachkapitalbereich betrachtet. In Tab. 3 ist eine Reihe dargestellt, in welcher jener Teil des Volkseinkommens, der näherungsweise vom Sachkapital verdient wird, in Relation zum Sachkapitalbestand gesetzt ist. Es handelt sich um das Bruttoeinkommen aus Unternehmertätigkeit und Vermögen, bezogen auf das Nettoanlagevermögen und in Prozent ausgedrückt. Diese Größe ist in der Tabelle als „Rendite“ des Sachkapitals bezeichnet. (Das entsprechende Zahlenmaterial ist allerdings erst ab 1960 verfügbar.) Das Nettoanlagevermögen ist zu Wiederbeschaffungspreisen bewertet, die Relation kann also als reale Ertragsrate betrachtet werden. Es handelt sich selbstverständlich um keine zufriedenstellende Annäherung an die Grenzleistungsfähigkeit des Kapitals, aber es läßt sich einiges über den Verlauf der realen Rendite ablesen, die mit dem Sachkapitalbesitz verbunden ist. Wie man sieht, hat auch die Realrendite des Sachkapitals ab der Wende von den 60er zu den 70er Jahren besonders deutlich abgenommen, ab 1974 war sie nur noch halb so hoch wie zu Beginn der 60er Jahre. Dies bedeutet einen vorläufigen empirischen Beleg dafür, daß zu einer Erklärung der Realzinsen auf Staatsschuldtitel auch realwirtschaftliche Bestimmungsgründe mit heranzuziehen sind.

---

15 Die Deutsche Bundesbank spricht sogar von einem „traditionellen Fehlen jeglicher Geldillusion in der deutschen Bevölkerung“; vgl. Deutsche Bundesbank (1983) 16.

TEIL II

Die Staatsverschuldung in der Theorie der Vermögensentscheidung

1. Ausgangstatbestände

Die Skepsis gegenüber hohen Finanzierungsdefiziten der öffentlichen Hand ist weit verbreitet, ihre Begründung ist freilich nicht einheitlich. Die gängigen Vermutungen sind, daß eine hohe Staatsverschuldung entweder inflationär wirke, oder daß sie kontraktive Effekte auf die ökonomischen Aktivitäten ausübe, indem sie die privaten Investitionen verdränge und damit das Wachstum auf lange Sicht behindere.[1] Bis Mitte der 70er Jahre, als die Welle des Monetarismus auch in Deutschland ihren Hochpunkt erreicht hatte, war die Vermutung, daß hohe Finanzierungsdefizite des States zu einer übermäßigen Geldschöpfung führen müßten, welche ihrersetis das Preisniveau nach oben treiben müßte. Nachdem aber die hohen Finanzierungsdefizite in den Jahren 1975 und danach auch ohne ein „übermäßiges" Geldmengenwachstum untergebracht werden konnten[2], hat sich das Interesse mehr den ökono-

---

[1] Dieses Argument hat eine lange Tradition. Ricardo folgend hat schon J. B. Say die Meinung vertreten, daß Staatsanleihen dazu führten, daß Kapitalteile einer produktiven Verwendung entzogen würden und die Zinsen und die Verbraucherpreise steigen müßten. Ricardo hat diese Argumentation zurückgewiesen; siehe Ricardo (1923) 303 ff. Das Argument ist in der aktuellen wirtschaftspolitischen Diskussion wieder zu finden; siehe z. B. Biedenkopf, Miegel (1979) 63 ff., oder Richebächer (1980) 236 ff.

[2] Entscheidend ist hier die Frage, ob die von der Bundesbank tolerierte oder aktiv betriebene Geldschöpfung seit 1975 größer war, als sie es ohne die hohen Finanzierungsdefizite des Staates gewesen wäre. Rein empirisch gesehen ist hierzu folgendes festzuhalten. Die Bundesbank selbst mißt ihren Beitrag zur Geldschöpfung ex post an der Entwicklung der „Zentralbankgeldmenge zu konstanten Reservesätzen" (Basis Januar 1974). Die so definierte Zentralbankgeldmenge war im Durchschnitt des Jahres 1975 um 7,4 vH größer als im Jahr davor. Das ist eine geringere Zuwachsrate als im Durchschnitt der 70er Jahre (9,3 vH). Auch nach 1975 war nur in einem Jahr (nämlich 1978) eine überdurchschnittlich hohe Zuwachsrate der Zentralbankgeldmenge zu verzeichnen. Gewiß ist dies aus analytischer Sicht noch kein zwingender Beleg dafür, daß die hohen Finanzierungsdefizite nicht doch einen Einfluß auf die Geldschöpfung hatten. Ein solcher Einfluß wäre unter drei Voraussetzungen gegeben: (a) die Finanzierungsdefizite des Staates haben eine zinserhöhende Wirkung, (b) die Zentralbank setzt sich ein Zinsziel, etwa in dem Sinne, daß sie einen (gleichwie definierten) Zinssatz herzustellen sucht, der unterhalb jenes Satzes liegt, welcher den Markt für Staatsschuld-

mischen Folgen einer Zunahme der Staatsverschuldung, die mit der Ausgabe verzinslicher Staatsschuldtitel finanziert wird, zugewandt. Im Vordergrund steht jetzt der „Verdrängungs"-Effekt (crowding out) der Staatsverschuldung. Staatliche Ausgabenüberschüsse, die durch die Emission von verzinslichen Schuldtiteln finanziert werden, würden zinsempfindliche private Ausgaben — also Käufe von Investitionsgütern im weiteren Sinne — verdrängen. Wäre dem so, dann müßte hierin ein gravierender Einwand gegen den Einsatz der Fiskalpolitik als Mittel der Konjunkturbelebung im herkömmlichen keynesianischen Sinne gesehen werden. Staatliche Finanzierungsdefizite, gleichgültig, ob durch Ausgabenprogramme oder durch Steuersenkung entstanden, hätten keinen Effekt auf die Höhe der Gesamtnachfrage. Die Nachfrage des Staates würde nur an die Stelle privater Nachfrage treten, es würden Ressourcen aus dem privaten in den öffentlichen Sektor abgezogen, und langfristig würden Produktivitätsfortschritte und reales Wachstum die Wirtschaft behindern, weil eine „ausreichende" Investitionstätigkeit des privaten Sektors wegen der staatlichen Aktivitäten nicht gewährleistet sei.[3]

Ein „crowding out" kann auf (wenigstens) zwei Arten zustande kommen. Im Hinblick auf die Wirkung einer Änderung der Ausgabenströme wird weitgehend Übereinstimmung darin bestehen, daß bei Vollauslastung der Produktionskapazitäten der Staat nur dann mehr Güter und Dienstleistungen beanspruchen kann, wenn er höhere Preise als die Privaten bietet. In diesem Falle einer stromtheoretischen Betrachtung tritt ein realwirtschaftliches crowding out auf, welches mit einer Zunahme der Inflation einhergeht oder diese verursacht. Diese Wirkung mag wenig bestritten sein, sie steht aber nicht im Vordergrund der neueren Diskussion.

In letzter Zeit wird gegen eine Zunahme der Staatsverschuldung vor allem ins Feld geführt, sie verursache Zinswirkungen oder Portfolioeffekte, die hemmend auf die private Investitionstätigkeit wirkten.

---

titel zum Ausgleich bringt, (c) die Zentralbank befriedigt jede zu diesem Zinssatz auftretende Nachfrage nach Geld. Es liegt auf der Hand, daß die unter (b) und (c) genannten Voraussetzungen nicht viel mit der Praxis der Bundesbankpolitik gemein haben, jedenfalls nicht seit dem Übergang zu den monetären Zielvorgaben im Jahr 1975. Nähern sich freilich die geldpolitischen Verfahrensweisen den unter (b) und (c) genannten Voraussetzungen an, kann das Geldangebot von den staatlichen Finanzierungsdefiziten beeinflußt sein, auch wenn sich die Zentralbank dies nicht ausdrücklich vornimmt. Einen solchen Einfluß glauben z. B. Hamburger und Zwick für eine Reihe von Jahren für die USA nachgewiesen zu haben; vgl. Hamburger, Zwick (1981).

3 Eine Übersicht über verschieden Konstellationen, die zu einem crowding out führen können, geben z. B. Carlson, Spencer (1975), Dieckheuer (1980) oder Schiller (1983).

Dieses Argument bezieht sich auf die Wirkungen, welche mit der Finanzierung des staatlichen Defizits verbunden sind. Das ist eine bestandstheoretische oder kapitaltheoretische Betrachtung.

Die analytische Basis dafür ist nicht neu. Ein bekanntes Paradigma ist die Annahme einer völlig zinsunelastischen Geldnachfrage. In den Termini der IS-LM-Darstellung verläuft bei zinsunelastischer Geldnachfrage die LM-Kurve vertikal; eine durch Erhöhung der autonomen Staatsausgaben bewirkte Rechtsverschiebung der IS-Kurve läßt dann den Gleichgewichtspunkt für das Volkseinkommen unverändert, erhöht aber den gleichgewichtigen Zinssatz.[4]

Eine verfeinerte Version des crowding out bieten Brunner und Meltzer.[5] In ihrem Modell mit endogenem Kapitalstock bewirkt eine schuldtitel-finanzierte Erhöhung der Staatsausgaben einen Anstieg der Zinsen auf Staatsschuldtitel und eine Abnahme des Kapitalstocks (weil das Renditedifferential zwischen Realzinsen auf Finanzaktiva und der Grenzproduktivität des Sachkapitals als konstant angenommen wird). Das Volkseinkommen nimmt ab, und es wird eine Inflationsspirale in Gang gesetzt, die das System instabil macht.[6]

Steigende Zinsen und ein negativer Portfolioeffekt der Staatsverschuldung (wegen der Annahme der Konstanz des Renditedifferentials zwischen Finanzaktiva und Sachaktiva muß der Kapitalstock abnehmen, damit, unter den üblichen neoklassischen Voraussetzungen, die Grenzproduktivität des Sachkapitals sich der höheren Realverzinsung der Staatsschuldtitel wieder angleicht) stellen dasjenige dar, was man im Anschluß an Benjamin Friedman als „finanzielles" crowding out bezeichnen kann.[7]

Diese Art der Argumentation findet sich, obwohl sie zunächst auf einem hohen Abstraktionsgrad entwickelt worden ist, auch in der wirtschaftspolitischen Diskussion wieder. Zwei Zitate mögen dies belegen:

„... kann kein Zweifel darüber bestehen, daß eine massive staatliche Kreditaufnahme dem „natürlichen" Zinsrückgang, der zum selbstkorrigierenden Mechanismus der Rezession gehört, scharf entgegenarbeitet,

---

[4] Mackscheidt weist darauf hin, daß diese Art des crowding out noch nicht einmal von solchen Autoren negiert wird, die der Fiskalpolitik eine größere Effizienz als der Geldpolitik zuschreiben. Freilich haben diese Autoren, so Mackscheidt, immer auch unterstellt, daß die fiscal policy monetär alimentiert werde, dies habe man für „selbstverständlich" gehalten; vgl. Mackscheidt (1980) 54.

[5] Brunner, Meltzer (1976).

[6] Brunner, Meltzer (1976) 92 ff.; vgl. auch die Darlegung der Ergebnisse von Brunner und Meltzer bei Siebke, Knoll, Schmidberger (1981).

[7] Friedman, B. (1978) 597.

vor allem die langfristigen Zinsen bleiben auf sehr viel höherem Niveau, als es sonst der Fall wäre, so daß die Wiederbelebung der Investitionstätigkeit, von der es entscheidend abhängt, ob ein Aufschwung zustande kommt, schon von vornherein durch ein unverhältnismäßig hohes Zinsniveau erschwert wird."[8]

„Wie die Erfahrung zeigt, kommt es bereits bei einem realen Wachstum von 4 % zu Engpässen auf dem Kapitalmarkt. Eine reibungslose Befriedigung der staatlichen Kreditwünsche ist deshalb voraussichtlich nur möglich, wenn das reale Wachstum 2 % nicht erheblich übersteigt. Andernfalls hat das große Engagement des Staates auf dem Kapitalmarkt zinstreibende und damit wachstumshemmende Wirkungen."[9]

Diese Art des crowding out, also das finanzielle crowding out, kann, wie Benjamin Friedman betont, schon vor Erreichen der Vollauslastung der Produktionskapazitäten eintreten und stellt deswegen einen wesentlich gravierenderen Einwand gegen die Fiskalpolitik dar als das realwirtschaftliche crowding out.[10] Denn versucht der Staat mittels schuldenfinanzierter Ausgaben- oder Steuersenkungsprogramme den Auslastungsgrad des Produktionspotentials zu erhöhen, dann verhindern seine Schuldenoperationen nolens volens genau das, was er von der Absicht her gesehen erreichen wollte — sofern eben das finanzielle crowding out tatsächlich auftritt. Die Konsequenz wäre dann, von staatlichen Schuldenoperationen abzusehen und die Sorge für die Vollauslastung der Kapazitäten und die Beschäftigung dem Markt zu überlassen.

Im folgenden soll es um die monetären, oder im weiteren Sinne finanziellen, Aspekte der Staatsverschuldung gehen. Im Vordergrund stehen die Fragen, wie eine Änderung der (verzinslichen) Staatsverschuldung auf die Zinsen der Staatsschuldtitel wirkt und welche Einflüsse auf die Investitionstätigkeit der Privaten ausgehen. Es wird versucht werden zu zeigen, daß aus analytischer Sicht kategoriale Aussagen über die Wirkungsrichtung nicht möglich sind. Eine Zunahme der Staatsverschuldung kann private Investitionsausgaben verdrängen. Es kann aber auch der umgekehrte Fall eintreten, daß eine Zunahme der Staatsverschuldung anregend auf die private Investitionstätigkeit wirkt, dann gibt es einen „crowding in"-Effekt. Welcher der beiden Fälle eintritt, hängt von wechselnden ökonomischen Rahmenbedingungen, vom Verhalten der Privaten und vom staatlichen Schuldenmanagement ab. Es soll versucht werden zu zeigen, von welcher Beschaffenheit diese öko-

---

8 Richebächer (1980) 237 f.

9 Biedenkopf, Miegel (1979) 65.

10 Friedman, B. (1978) 597 f.

nomischen Rahmenbedingungen sind und welche Verfahrensweisen für das Schuldenmanagement die Analyse nahelegt.

Zunächst wird eine theoretische Analyse angestellt. Diese stellt darauf ab, solche Aussagen zu treffen, die empirisch überprüft werden können. Im empirischen Teil der Arbeit wird versucht zu zeigen, daß sich einige zentrale Größen des Portfoliomodells, die sich einer direkten Beobachtung entziehen, doch zumindest näherungsweise quantifizieren lassen. Vor allem geht es dabei um die Realertragsrate des Sachkapitals als eine Annäherung an die Grenzleistungsfähigkeit. Kann diese als quantifizierbar angesehen werden — und diese Arbeit versucht zu belegen, daß das möglich ist —, dann kann eine andere empirische Überprüfung des Portfolioverhaltens der Privaten angestellt werden, als dies in einigen Publikationen bislang geschehen ist.

Die Forderung nach empirischer Überprüfbarkeit hat Rückwirkungen auf die theoretische Analyse. Das finanzielle Modell wird nach einem anderen Subsystem aufgelöst werden als jene Subsysteme, die derzeit im Vordergrund der Diskussion stehen. Andererseits bedingt die Beschränktheit des Zahlenmaterials auch gewisse Restriktionen beim Ausbau des theoretischen Apparates, unter anderem die Einschränkung auf ein Modell mit drei Sektoren und drei Vermögensobjekten. Der verwendete analytische Rahmen ist zwar flexibel genug, eine weitergehende Disaggregierung zuzulassen. Aber die prinzipiellen empirischen Aussagen würden davon nicht berührt, es würde lediglich der mathematische Aufwand erhöht, und die empirische Überprüfbarkeit wäre mit dem gegenwärtig vorhandenen Zahlenmaterial nicht mehr gewährleistet.

2. Der allgemeine Rahmen der Analyse

a) Einige Eigenschaften der strukturellen Bedingungen einer Theorie der Vermögensentscheidungen

Die Analyse sei schrittweise entwickelt, den Ausgangspunkt stellt dabei eine einfache Version des finanziellen Sektors dar. Im weiteren Verlauf sollen dann die zusätzlichen strukturellen Bedingungen eingeführt werden, die man benötigt, um für die Behandlung der im vorangegangenen Abschnitt formulierten Fragestellungen einen zufriedenstellenden theoretischen Rahmen zu erhalten.

Das einfachste Modell, das die Transmission monetärer Impulse in den realwirtschaftlichen Bereich darstellt, braucht nur zwei strukturelle Beziehungen, nämlich (a) eine Spezifikation der Geldnachfrage und (b) eine Spezifikation der Nachfrage nach „dem“ Sozialprodukt oder Teilen dessen, wobei irgend eines der Argumente der unter (b) genannten Beziehung auch Argument der Geldnachfragefunktion sein muß mit einer von Null verschiedenen Ableitung dieser Funktion bezüglich des Arguments. Die keynesianische Auffüllung dieses Rahmens, bei der der Zinssatz dasjenige Argument ist, welches in beiden strukturellen Beziehungen vorkommt, hat eine lange Tradition. Zum Beispiel eine Erhöhung der Geldmenge über jenen Betrag hinaus, den die Privaten beim aktuellen Niveau der die Geldnachfrage bestimmenden Variablen zu halten wünschen, erzeugt Anpassungsvorgänge. Die überschüssige Kassenhaltung bewirkt zunächst eine Mehrnachfrage nach staatlichen Wertpapieren, deren Verzinsung sinkt. In einer weithin akzeptierten Sicht führt ein sinkender Zinssatz auf Wertpapiere dazu, daß neue Investitionsprojekte in Angriff genommen werden, die Investitionstätigkeit wird so lange vorangetrieben, bis die Grenzleistungsfähigkeit des Sachkapitals auf dem (niedrigeren) Niveau des Zinssatzes angelangt und damit das Renditedifferential zwischen Sachkapital und Wertpapieren wieder eingeebnet ist.[11]

Was passiert nun, wenn dem System von außen staatliche Wertpapiere zugeführt werden? Stammt das zusätzliche Angebot an Wertpapieren aus Budgetdefiziten, dann führen die Ausgabenüberschüsse des Staates zu entsprechend hohen Einnahmenüberschüssen der Privaten (Beziehungen zum Ausland außer acht gelassen).

Das Nettovermögen des privaten Sektors steigt um den Betrag der zusätzlich emittierten staatlichen Schuldtitel. Nun ist es wenig wahrscheinlich, daß die Privaten die Zunahme ihres Nettovermögens voll und ganz in Form von Forderungen gegen den Staat zu halten wünschen, vielmehr werden Anpassungsvorgänge bei der Nachfrage nach anderen Vermögensobjekten ausgelöst. Um diese zu beschreiben, genügt das dargestellte einfache Modell nicht mehr, es sei denn, die staatlichen Wertpapiere würden voll und ganz von der Zentralbank angekauft. Aber dann wäre die finanzielle Wirkung einer Verschuldungsoperation gleich mit derjenigen, die mit einer gleich hohen Zunahme des Geldangebots einhergeht.

Wird die Staatsverschuldung nicht oder nur zum Teil monetisiert, dann können Anpassungsvorgänge, die von einer exogen bewirkten Änderung des Wertpapierangebots ausgehen, durch dieses einfache Modell aus folgendem Grund nur unzulänglich beschrieben werden. Implizit enthält dieses Modell zwar bereits das Vermögensobjekt Wertpapiere; zumindest in der keynesianischen Version wird nur ein Teil der Kasse zu Transaktionszwecken gehalten, ein weiterer Teil wird be-

[11] Keynes (1936) 136 f.

reit gehalten, um Wertpapiere zu kaufen. Aber die Wirkung einer Verschuldungsoperation des Staates bleibt auf einen Spezialfall beschränkt. Steigt das Angebot an staatlichen Wertpapieren, dann steigt der Bedarf an Kasse, der aus spekulativen Überlegungen gehalten wird.[12] Bleibt das Geldangebot konstant, verlangt das Gleichgewicht auf dem Geldmarkt einen höheren Zinssatz und rückläufiges Volkseinkommen, verbunden damit ist eine Abnahme des Kapitalstocks. Das ist wiederum der Fall des crowding out.

Um eine Beschreibung einer breiteren Klasse von Fällen zu ermöglichen, muß das Modell um mindestens eine strukturelle Beziehung erweitert werden, und es müssen explizit am Vermögen orientierte Entscheidungen der Privaten in die Analyse einbezogen werden. Ein bedeutender Teil der neokeynesianischen Literatur der letzten zwei Jahrzehnte hat sich mit diesem Problem beschäftigt.[13]

Die strukturelle Beziehung, um die das Modell erweitert werden muß, ist eine Funktion, welche die Nachfrage nach staatlichen Wertpapieren beschreibt. Diese Funktion erlaubt es dann auch, die Anpassungsvorgänge darzustellen, welche eine exogen bewirkte Änderung des Angebots an staatlichen Wertpapieren auslöst. Da es in der Realität mehrere Typen staatlicher Wertpapiere gibt, die sich durch Laufzeit und Rendite unterscheiden, müßte das Modell um mehrere strukturelle Beziehungen erweitert werden entsprechend der Anzahl der Wertpapiertypen. Für die vorliegende Fragestellung stellt es jedoch keine große Beeinträchtigung der Analyse dar, nur einen einzigen Wertpapiertyp einzuführen. Das Modell enthält dann 3 Vermögensobjekte, nämlich Geld, staatliche Wertpapiere und homogenes Sachkapital, die Summe dieser drei Vermögensobjekte bildet das Gesamtvermögen des privaten Sektors.

Als Argument für die Funktion der Nachfrage nach einem Vermögensobjekt kommt zunächst dessen eigene Ertragsrate in Betracht. Der Erwerb oder das Halten eines Vermögensobjekts ist um so attraktiver, je höher dessen Ertragsrate ist. Es ist jedoch folgendes zu beachten. Bei gegebenem Gesamtvermögen erfordert eine Veränderung der Nachfrage nach einem Vermögensobjekt gegenläufige Bewegungen bei der Nachfrage nach den beiden anderen Objekten. Deswegen müssen alle

---

[12] Und sei es allein schon deshalb, weil auch Finanztransaktionen über definitive Zahlungsmittel abgewickelt werden.

[13] Wichtige Arbeiten sind u. a. Tobin (1961), Tobin (1965), Tobin (1969), Tobin (1982), Tobin, Brainard (1968), Tobin, Brainard (1973), Backus, Smith, Tobin (1980), Brainard, Shoven, Weiss (1980), Buiter (1977), Ciccolo (1974), Fand (1969), Friedman, B. (1977), Friedman, B. (1978).

Ertragsraten Argumente in allen Aktiva-Nachfragefunktionen sein. Dasselbe gilt auch für Vermögensentscheidungen, die in Reaktion auf eine Änderung des Volkseinkommens und eine Änderung des Gesamtvermögens getroffen werden. Auf dieser analytischen Basis kann dann der Frage der finanziellen Wirkungen einer Änderung der Staatsverschuldung nachgegangen werden.

b) Zwei Extremfälle zur Illustration der Logik des Problems

Die theoretische Analyse erlaubt eine gewisse Vorsortierung der empirisch möglichen Fälle. Einige Überlegungen hierzu sind auch nützliche Vorarbeiten für die Spezifikation des Modells, das im nächsten Abschnitt dargestellt werden soll. Es sei angenommen, daß das Modell die drei genannten Vermögensobjekte enthalte, auf welche die Privaten ihr Gesamtvermögen aufteilen können, nämlich Geld (in Form von unverzinslichem Zentralbankgeld), Finanzaktiva (verzinsliche Forderungen gegen den Staat) und Sachaktiva (homogenes physisches Kapital). Wird das Angebot an Staatsschuldtiteln erhöht, dann hängen die Anpassungsvorgänge entscheidend davon ab, in welchem Verhältnis zueinander die drei Vermögensobjekte in der Sicht der Privaten stehen. Um die Logik des Problems zu illustrieren, seien zwei Extremfälle diskutiert (es muß dabei beachtet werden, daß sowohl die Geldmenge als auch das Angebot an staatlichen Schuldtiteln als exogen, also als außerhalb des Modells determiniert eingeführt werden; des weiteren wird an dieser Stelle eine rein bestandstheoretische Betrachtung vorgenommen, stromtheoretische Kategorien sind nicht involviert, damit entfällt auch die Notwendigkeit, bereits hier Einkommens- und Substitutionseffekte explizit mit einzubeziehen, welche mit einer Änderung der Geldnachfrage oder des Geldangebots im Standard-IS-LM-Modell verbunden sind):

Fall (A)

Wertpapiere des Staates leisten dieselben Dienste wie Geld; Wertpapiere sind also genau so gut wie Geld selbst. Diese beiden Vermögensobjekte können einander ersetzen, sie stehen mithin in einem substitutiven Verhältnis zueinander. Wertpapiere leisten spezifische Dienste, die hingegen das Sachkapital nicht erbringt, ebenso hat das Sachkapital spezifische Eigenschaften, die mit dem Wertpapierbesitz nicht einhergehen. Wertpapiere und Sachkapital „komplettieren" einander, diese beiden Vermögensobjekte stehen in einem komplementären Verhältnis zueinander.

Fall (B)

Das Objekt Geld hat ganz besondere Eigenschaften, die mit dem Wertpapierbesitz nicht verbunden sind und umgekehrt. Dann „komplettieren" sich Geld und Wertpapiere, sie stehen in einem komplementären Verhältnis zueinander. Wertpapiere leisten hingegen dieselben Dienste wie Sachkapital, sie sind genau so gut wie Sachkapital selbst. Diese beiden Vermögensobjekte können einander ersetzen, es wird die jeweils ertragreichere Vermögensanlage gewählt, Wertpapiere und Sachkapital stehen in einem substitutiven Verhältnis zueinander.

Die Folgen einer Änderung der Staatsverschuldung sind nun offensichtlich im Fall (A) völlig von jenen im Fall (B) verschieden. Im Fall (A) wünschen die Vermögensbesitzer dann, wenn sie mehr staatliche Wertpapiere in ihre Portefeuilles aufnehmen sollen, auch mehr Sachkapital zu halten, aber nicht mehr Geldmenge. Der Geldmarkt bleibt im Gleichgewicht, es entsteht keine Zinswirkung. Die Folge im Fall (A) ist, daß eine Zunahme der Staatsverschuldung eindeutig expansiv auf die private Investitionsgüternachfrage wirkt. Im Fall (B) wünschen die Vermögensbesitzer dann, wenn sie mehr staatliche Wertpapiere in ihre Portefeuilles aufnehmen sollen, auch mehr Geld zu halten, aber nicht mehr Sachkapital. Bei gegebener Geldmenge verlangt das Gleichgewicht auf dem Geldmarkt einen höheren Zinssatz auf Staatsschuldtitel. Da Wertpapiere und Sachkapital dieselben Dienste leisten, wird die jeweils ertragreichere Vermögensanlage gewählt, die Nachfrage nach Sachkapital nimmt ab. Die Folge im Fall (B) ist, daß eine Zunahme der Staatsverschuldung eindeutig kontraktiv auf die private Investitionsgüternachfrage wirkt.

Die beiden Fälle lassen sich in folgendem Schema zusammenfassen:

Geld		Staatsschuld-titel		Sach-kapital	
M		S		K	
	substitutiv		komplementär		→ Fall A
	komplementär		substitutiv		→ Fall B

Fall A:	S↑ → K↑	crowding in
Fall B:	S↑ → K↑	crowding out

Natürlich sind hier zwei Extremfälle dargestellt worden, auch sind die Anpassungen der relevanten Ertragsraten und deren Zusammenspiel untereinander noch nicht hinreichend spezifiziert worden. Aber die beiden Beispiele illustrieren, daß die finanziellen Wirkungen einer Zunahme der Staatsverschuldung keinesfalls schon a priori eindeutig sind. Ein crowding out kann auftreten, aber ebenso ist auch ein crowding in logisch denkbar. Ob „out" oder „in" das Resultat von Schuldenoperationen des Staates ist, muß empirisch entschieden werden. Von daher gesehen ist es nicht voll verständlich, daß die neuere Debatte um die finanziellen Wirkungen der Staatsverschuldung so stark unter dem Motto crowding „out" geführt wird.

Zu einem Teil spiegelt sich hierin freilich die gegenwärtige Forschungssituation wider. Die Fälle (A) und (B) tragen elementare Merkmale zweier sich einigermaßen konträr gegenüber stehender monetärer Schulen. Im Fall (A) sind Geld und Wertpapiere gegenseitig substituierbar, es kann kein scharfer Trennungsstrich zwischen Geld- und Nichtgeld-Finanzaktiva gezogen werden, „Geld" ist kein Stoff mit so besonders ausgezeichneten Eigenschaften. Ein Trennungsstrich liegt zwischen Finanzaktiva und Sachkapital, an der Grenze zwischen diesen beiden Vermögensformen hört die Substituierbarkeit der einzelnen Vermögensobjekte untereinander auf. Fall (A) kennzeichnet in elementaren Zügen die Position jener monetären Schule, die man als „neokeynesianisch" oder als „liquiditätstheoretisch" bezeichnen kann.

Im Fall (B) ist das Objekt Geld ein Stoff mit ganz besonderen Eigenschaften. Es ist sowohl von analytischer als auch empirischer Bedeutung, zwischen Geld und anderen Finanzaktiva einen scharfen Trennungsstrich ziehen zu können. Hingegen werden Nichtgeld-Finanzaktiva und Sachaktiva als Vermögensanlagen betrachtet, die im wesentlichen gleich gut sind. Zwischen den beiden Vermögensobjekten gibt es in großem Umfang Substitutionsvorgänge, welche von Änderungen der Geldmenge dominiert werden. Fall (B) kenzeichnet in elementaren Zügen die Position jener Schule, die man als „neo-quantitätstheoretisch" oder „monetaristisch" bezeichnen kann.

c) Wertpapiere und Sachkapital komplementär oder substitutiv? — Die Rolle der Risikoüberlegungen

Ein fundamentaler Dissens, der von weitreichender theoretischer und empirischer Bedeutung ist, besteht in der Frage, ob Wertpapiere und Sachkapital in der Sicht der Vermögen haltenden Wirtschaftssubjekte näherungsweise in einer substitutiven oder eher in einer komplementären Beziehung zueinander stehen. Die monetaristische Antwort ist bereits behandelt worden. Wertpapiere und Sachkapital leisten im wesentlichen dieselben Dienste, die Aufteilung zwischen den beiden Vermögensobjekten wird dann nur unter Ertragsgesichtspunkten vorgenommen. Es wird die jeweils ertragreichere Vermögensart gewählt, Substitutionsvorgänge zwischen den beiden Vermögensarten gewährleisten die Konstanz des Renditedifferentials.

Diese Annahme wird in neo-keynesianischen Modellen nicht gemacht. In Portfoliomodellen, wie sie zum Beispiel von Tobin entwickelt worden sind, werden neben Ertragsüberlegungen auch Risikoaspekte mit einbezogen.[14] Es wird berücksichtigt, daß Unsicherheiten über die zukünftig erwarteten Erträge einzelner Vermögensobjekte bestehen, des weiteren ist das Risiko potentieller Verluste oder Zusatzgewinne im Marktwert bei den verschiedenen Vermögensanlagen ungleich. Unter Risikoaspekten stehen die einzelnen Vermögensobjekte in einem anderen Verhältnis zueinander als in den monetaristischen Vorstellungen. Es sind vor allem zwei Ursachen der Risiken des Haltens bestimmter Vermögensobjekte hervorzuheben, nämlich das Risiko unerwarteter Preissteigerungen (also nicht korrekt antizipierbarer Inflation) und das Risiko unerwarteter Abschreibungen.

Allen Finanzaktiva, gleich ob verzinslich (Kreditbeziehungen) oder unverzinslich („Geld") ist gemeinsam, daß sie nicht realwertgesichert sind; unerwartete Inflation verringert sowohl den Realwert des Betrags einer Finanzanlage als auch den Realwert der Verzinsung. Dagegen begünstigt unerwartete Inflation den Sachkapitalbesitz. Im Hinblick auf nicht korrekt antizipierbare Preissteigerungen sind also die Risiken des Besitzes von Finanzaktiva und Sachaktiva negativ korreliert.

Eine negative Korrelation der Risiken von Finanzvermögen und Sachkapital ergibt sich auch in bezug auf das Risiko unerwarteter Abschreibungen. Forderungen gegen Banken sind, von unerheblichen Ausnahmen abgesehen, frei vom Ausfallrisiko. Ebenso wird sich auch der Staat in „Friedenszeiten" nie für zahlungsunfähig erklären. Die Erfahrung zeigt, daß es praktisch immer die Folgen von Kriegen oder Revolutionen waren, die den Staat dazu veranlaßten, seine Schuldversprechen für wertlos zu erklären, und das sind Ereignisse, welche nicht als Prämisse in eine vernünftige ökonomische Analyse einzugehen brauchen. Mithin sind alle Finanzaktiva nahezu völlig frei von dem Risiko unerwarteter Abschreibungen. Dagegen kann der Sachkapitalbesitz vergleichsweise schnell wertlos werden. Die Struktur der Ge-

---

[14] Die grundlegenden Arbeiten sind Tobin (1958), Markowitz (1959) und Tobin (1965).

samtnachfrage ist beständig Änderungen unterworfen, von welchen einige Bereiche des gesamten Produktionsapparates profitieren und andere benachteiligt werden; das ist das Branchenrisiko. Des weiteren schwankt im Konjunkturzyklus die Auslastung der vorhandenen Sachanlagen und damit deren Ertragskraft; das ist das Konjunkturrisiko. Außerdem kann der technische Fortschritt die vorhandenen Ausrüstungen der Unternehmen sehr rasch veralten lassen; das ist das technologische Risiko. Solchen Risiken sind die Finanzaktiva nicht ausgesetzt. Im Hinblick auf das Risiko unerwarteter Abschreibungen — insbesondere das Konjunkturrisiko und das Branchenrisiko, die ja nicht voneinander unabhängig gesehen werden dürfen — sind also die Risiken des Haltens von Finanzaktiva und Sachkapital ebenfalls negativ korreliert.

Sind die Risiken des Haltens von zwei Vermögensobjekten negativ korreliert, dann bedeutet dies, daß Eventualfälle, welche das eine Objekt zum Verlierer machen, das andere Objekt zum Gewinner werden lassen.[15] Durch eine geeignete Mischung solcher Vermögensobjekte im Portefeuille, deren Risiken negativ korreliert sind, läßt sich das Gesamtrisiko eines Portefeuilles kleiner machen als die (gewichtete) Summe der Einzelrisiken.[16] Wegen der negativen Korrelation der Risiken werden Finanzaktiva und Sachaktiva in diversifizierten Portefeuilles in einer bestimmten Mischung zueinander gehalten. Finanzvermögen und Sachkapital stehen deshalb in der Sicht der Vermögen haltenden Wirtschaftssubjekte in einem eher komplementären Verhältnis zueinander und nicht — wie in monetaristischen Vorstellungen — in einem substitutiven.

Auf der anderen Seite gilt, daß alle Finanzaktiva, gleich ob „Geld" oder Kreditbeziehungen, denselben Risiken ausgesetzt sind. Eine Diversifikation allein im Bereich der Finanzaktiva bietet keinen Schutz gegenüber nicht antizipierbarer Inflation, hier wird die Vermögensaufteilung allein unter Ertragsgesichtspunkten vorgenommen. Dann sind alle Finanzaktiva gute, wenn auch gewiß nicht vollkommene, Substitute zueinander. Eine scharfe Grenze zwischen „Geld" und anderen Finanzaktiva kann nicht gezogen werden, „Geld" — wie auch immer definiert — ist nichts besonders Hervorstechendes. Jedenfalls spielt neben „Geld" auch „Liquidität" eine Rolle, wobei die Grenzen weder analytisch noch empirisch exakt zu ziehen sind. Aber eine Theorie des monetären Mechanismus braucht einen scharfen Trennungsstrich zwischen „Geld" und anderen „Nichtgeld"-Finanzaktiva nicht als konstituierendes Merkmal.

---

[15] Tobin (1978) 50.

[16] Eine formale Darstellung findet sich z. B. bei Tobin (1965).

d) Einige Anmerkungen zum begrifflichen Apparat der Theorie der Vermögensentscheidungen

In der Diskussion um die Portfoliotheorie hat sich mehrfach gezeigt, daß Dissensen auftreten können, die vor allem dadurch entstehen, daß bestimmte Begriffe mit unterschiedlichen Inhalten versehen werden. Ein gutes Beispiel hierfür ist, daß man sich längere Zeit nicht über die Interpretation des Begriffs „supply price of capital" einigen konnte.[17] Dies hat dazu geführt, daß einige Probleme aufgeworfen worden sind, die äußerlich von zentraler analytischer Bedeutung erscheinen, die aber letztlich nur von daher zu verstehen sind, daß man sich über bestimmte Begriffsinhalte nicht einig war. Die folgenden Ausführungen dienen dazu zu klären, mit welchen Inhalten einige zentrale Begriffe versehen werden, die in der im Abschnitt 3 dargestellten Analyse gebraucht werden.

Erstens: Bei der Bezeichnung des Verhältnisses zwischen Finanzvermögen und Sachkapital ist bewußt der Ausdruck „eher" komplementär verwendet worden. Damit soll nicht einer verwaschenen Begriffsbildung das Wort geredet werden (die Analyse wird zeigen, was gemeint ist). Aber: „eher" komplementär meint eben, „nicht vollständig" komplementär (und weit entfernt von „vollständig" substitutiv). Es wäre analytisch unbefriedigend und empirisch nicht belegbar zu behaupten, daß die Vermögen haltenden Wirtschaftssubjekte eine konstante Relation zwischen Finanzaktiva und Sachkapital in ihren Portefeuilles aufrecht zu erhalten wünschen. Wäre die Relation konstant, dann brauchte der Staat sich ja nur stark zu verschulden, um die Sachkapitalnachfrage und damit die Investitionstätigkeit der Privaten zu beleben, eine Maxime, die offensichtlich nicht viel Sinn ergibt. Die Relation kann sich verändern.

Es macht aber einen großen Unterschied, ob die gewünschte Änderung der Relation das Resultat von Ertragsüberlegungen oder von Risikoüberlegungen ist. Dies hat Konsequenzen für den relevanten Begriff der Realertragsrate. Sind Wertpapiere und Sachkapital gegenseitig substituierbar — das steht unter der Voraussetzung eines varia-

---

17 Zum Beispiel die Kontroverse zwischen Jüttner (1979) und Gebauer (1979), beides Autoren, die mit dem analytischen Apparat des q-Konzepts arbeiten, geht in ihrem Kern darauf zurück, daß Gebauer im „suply price of capital" einen subjektiven Aktionsparameter der Unternehmer sieht, während Jüttner ihn als marktmäßig bestimmt ansieht. Nur einer der beiden Begriffsinhalte kann „wahr" sein (dies wird in Abschnitt 3 a) dieses Teils behandelt). Semantische Differenzen können auch die Ursache für voneinander abweichende Vermutungen über die Größenordnung des „wahren" q und dementsprechend divergierende Meßkonzepte sein (hierzu Abschnitt 4 dieses Teils).

blen Kapitalstocks[18] —, dann tragen beide Vermögensobjekte dieselbe Ertragsrate. Die Frage, welche Zinsanpassungen im Bereich der Finanzaktiva ausgelöst werden, wenn es exogene Einflüsse gibt, welche in Richtung einer Änderung der Ertragsrate des Sachkapitals wirken, ist hier ohne analytischen Wert. Sind die Zinsen auf Staatsschuldtitel gegeben (sie werden über den Geldmarkt bestimmt) und gibt es irgendeinen exogenen Impuls, welcher kontraktiv auf die Ertragsrate des Sachkapitals wirken könnte, brauchen die Sachkapitalbesitzer einen Rückgang ihrer Ertragsrate nicht hinzunehmen — sie können ja mit einem Abbau des Kapitalstocks reagieren. Dies gewährleistet, daß eine niedrigere Rendite als die der Staatsschuldtitel gar nicht akzeptiert zu werden braucht. Werden dem System dann noch zusätzlich von außen Staatsschuldtitel zugeführt, aber kein Geld, dann erfordert die Markträumung einen Anstieg der Zinsen auf Staatsschuldtitel, die Haltung von Sachkapital nimmt weiter ab, um das Renditedifferential zwischen Finanzaktiva und Sachanlagen bei Null zu halten. Die Frage des Vermögensanlegers ist hier: In welcher Mischung zueinander sollen Geld und „Kapital" gehalten werden, wobei „Kapital" für einen einzelnen Anleger nur aus Wertpapieren oder nur aus Sachaktiva besteht. Auf welchem Niveau sich die Ertragsrate auf „Kapital" bildet, hängt vom Geldangebot ab, der Geldmarkt stellt die dominante Markträumungsbedingung.

Anders ist es bei Portefeuilles, in denen Wertpapiere und Sachkapital in einem eher komplementären Verhältnis zueinander stehen. „Eher komplementär" impliziert, daß die negative Korrelation der Risiken des Haltens von Finanzaktiva und Sachkapital in Portfolioentscheidungen mit einbezogen wird; dies läßt es zu, daß die Renditen der beiden Vermögensobjekte voneinander abweichen können, das Renditedifferential ist variabel. Dadurch erst erhält die Frage, welche Anpassungsvorgänge bei Änderungen der Ertragsrate des Sachkapitals ausgelöst werden, ihre analytische und empirische Relevanz. Schwankungen der Ertragsrate des Sachkapitals sind möglich; es erfolgen — aber das ist wiederum eine Frage der Frist, auf welche sich die Analyse bezieht — keine Anpassungen des Kapitalstocks dergestalt, daß die Ertragsrate des Sachkapitals in Einklang mit der Rendite der Finanzaktiva gehalten wird.

Erhöhen sich die Risiken des Haltens von Sachkapital, etwa weil aufgrund des Konjunkturrisikos die Ertragsaussichten ungünstiger einge-

---

18 Dies ist selbstverständlich auch eine Frage der Frist, auf welche sich die Analyse bezieht. Denn die Variabilität des Kapitalstocks verlangt Investitions- und Desinvestitionsprozesse, welche in aller Regel zeitaufwendig sind. Dieser Punkt wird in Abschnitt 5 behandelt.

schätzt werden, dann kann das höhere Risiko des Haltens von Sachkapital durch eine vermehrte Hereinnahme von Finanzaktiva in das Portefeuille kompensiert werden. Der Marktwert der Finanzaktiva steigt relativ zum Marktwert von Sachkapital. Mit anderen Worten: Die Vermögen haltenden Wirtschaftssubjekte werden bereit sein, für das wieder abnehmende Risiko ihrer Portefeuilles einen Preis zu bezahlen in Form sinkender Ertragsraten auf Finanzaktiva. Ein exogen bewirkter Rückgang der Ertragsrate des Sachkapitals wird dann auch zu einer Senkung der Rendite auf Finanzaktiva führen. Die Ertragsrate von Sachaktiva bestimmt dann die Ertragsraten anderer Vermögensobjekte. Der Sachkapitalmarkt stellt die dominante Markträumungsbedingung für alle Vermögensobjekte. Erst wenn zugelassen wird, daß Finanzaktiva und Sachaktiva in einem eher komplementären Verhältnis zueinander stehen, ist es möglich, daß auch realwirtschaftliche Einflüsse auf die Zinsen der Finanzaktiva auftreten können. Die Frage, wie Zinswirkungen einer Änderung der Staatsverschuldung durch Änderungen der Renditen auf Sachaktiva modifiziert werden können, ist also analytisch erst dann sinnvoll, wenn die Beziehung „eher komplementär“ nicht a priori ausgeschlossen wird.

Zweitens: Der Begriff des „Umsteigens“ von einem Vermögensobjekt zum anderen im Sinne des Ersetzens („Substituierens“) des Objekts A durch das Objekt B ist etwas schillernd. Für einen einzelnen Vermögensanleger mag durchaus die Wahl bestehen, Staatsschuldtitel abzustoßen und Sachanlagen zu erwerben oder umgekehrt. Für die Gemeinschaft der Vermögensanleger als Ganzes bleibt freilich die Substitution eine optische Illusion. Für die Wirtschaft insgesamt ist die Menge der Staatsschuldtitel als Resultat der Verschuldungsoperationen des Staates exogen vorgegeben und nicht veränderbar. Ebenso ist für Vermögensentscheidungen der Sachkapitalbestand exogen vorgegeben — Veränderungen des Sachkapitalbestandes verlangen ja Investitions- oder Desinvestitionsprozesse, und diese sind in aller Regel zeitaufwendig.

Wer Staatsschuldtitel abstoßen und Sachanlagen erwerben will, braucht einen Partner am Markt, der Sachanlagen anbietet und Staatsschuldtitel nachfragt. Durch solche Transaktionen wird die Menge der Staatsschuldtitel und der Sachkapitalbestand nicht verändert; auf gesamtwirtschaftlicher Ebene gibt es also keine Substitution. Einzelwirtschaftliche Versuche, ein Vermögensobjekt gegen ein anderes auszutauschen, schlagen sich in Bewegungen der Marktbewertung der Vermögensobjekte nieder. Betrachtet die Mehrheit der Vermögen haltenden Wirtschaftssubjekte etwa das Halten von Sachkapital als nicht mehr lukrativ und bevorzugt Staatsschuldtitel, so führt dies zu einem

Anstieg des Marktwertes (Kurswertes) der Staatsschuldtitel und zu einem Rückgang der Marktbewertung des Sachkapitals. Kursschwankungen am Rentenmarkt und am Aktienmarkt sind empirisch beobachtbare Folgen solcher Vorgänge.

Drittens: Der Begriff der „Sachaktiva", die für die Aufnahme in die Portefeuilles der Privaten in Frage kommen, bedarf einer Klärung. Unter Sachaktiva wird üblicherweise der Bestand an produktivem Kapital verstanden, also das Realkapital der Unternehmen in Form z. B. von Ausrüstungen und Bauten. Unternehmer machen aber nur einen kleinen Teil der gesamten Vermögen haltenden Wirtschaftssubjekte aus. Was aber erwerben jene Vermögensanleger, die von den spezifischen Eigenschaften des Sachkapitals profitieren wollen, ohne selbst Unternehmer werden zu wollen oder zu können? Hier ist zu sehen, daß in modernen Volkswirtschaften eine Reihe von Möglichkeiten besteht, verbriefte Ansprüche auf Sachkapital zu erwerben. Beispiele sind unter anderem Aktien oder Investmentanteile oder stille Beteiligungen. Die verbrieften Ansprüche auf Sachkapital tragen hinsichtlich Risiken und Chancen näherungsweise dieselben Merkmale wie das Sachkapital selbst. Am Aktienmarkt kommt dies am augenfälligsten zum Ausdruck. Ein beträchtlicher Teil an Aktiva, deren Schicksal eng mit demjenigen des Sachkapitals verzahnt ist, wird auch von Banken gehalten. Für Beteiligungen ist dies offensichtlich, aber auch in ihrer Eigenschaft als Fremdkapitalgeber der Unternehmen laufen Banken die Risiken des Sachkapitals.

Der Begriff „Sachkapital" hat also eine doppelte Bedeutung. Er bezeichnet den Bestand an produktivem Kapital in einer Volkswirtschaft, das ist also jene Größe, die sich auf der Aktivseite der Unternehmensbilanzen befindet. Wenn von Sachaktiva oder Sachkapital in den Portefeuilles der Privaten die Rede ist, dann sind damit die verbrieften Ansprüche auf das produktive Kapital gemeint in Form von Eigenkapital- oder Fremdkapitalgabe. Das ist also jene Größe, die sich auf der Passivseite der Unternehmensbilanzen befindet.

Als Sachaktiva in diversifizierten Portefeuilles fungieren mithin Beteiligungstitel, Eigen- und Fremdkapitalansprüche. Dies hat analytische und empirische Konsequenzen, denn es muß dadurch auch zwischen zwei Ertragsraten des Sachkapitals unterschieden werden. Die eine ist die Grenzleistungsfähigkeit des Kapitals, das ist jene Ertragsrate, die von der Aktivseite der Unternehmensbilanzen verdient wird. Die andere ist jene Ertragsrate, mit der die Passiva dre Unternehmensbilanzen bedient werden. Beide Raten können in systematischer Weise voneinander abweichen. Dies ist eine zentrale Eigenschaft des im 3. Abschnitt dieses Teils dargestellten Modells.

3. Das Modell

Der allgemeine Rahmen der Analyse ist in den Grundzügen beschrieben worden. Nunmehr geht es darum, ein Modell der Portfolioentscheidungen zu behandeln, welches die Charakteristika aufweist, die in der allgemeinen Beschreibung genannt worden sind. Dabei lassen sich dann auch die Anpassungen der relevanten Ertragsraten und Zinssätze beschreiben und Kriterien für die Substituierbarkeit oder Komplementarität einzelner Vermögensobjekte gewinnen. Die Darstellung konzentriert sich auf die monetären Wirkungen einer Änderung der Staatsverschuldung.

Bei dem Modell, das zur Analyse der finanziellen Wirkungen einer Änderung der Staatsverschuldung herangezogen wird, handelt es sich um einen speziellen Anwendungsfall des allgemeinen Gleichgewichtsansatzes zur Geldtheorie von James Tobin.[19] Dieser Ansatz stellt einen sehr flexiblen Rahmen für die monetäre Analyse zur Verfügung, er erlaubt prinzipiell eine beliebig tiefe Disaggregierung nach Sektoren und Vermögensobjekten. Für die Analyse der finanziellen Wirkungen einer Änderung der Staatsverschuldung genügt ein Modell mit drei Sektoren und drei Vermögensobjekten.

Das Modell enthält keinen Bankensektor und keine anderweitigen Finanzintermediäre. Für die Zwecke der hier vorgelegten Analyse bedeutet dies aber keine gewichtige Einschränkung. Es kann in einer ersten Annäherung davon ausgegangen werden, daß aus der Sicht der Privaten Vermögensanlagen bei Banken denselben Risiken ausgesetzt sind, wie anderweitige Finanzaktiva. Selbstverständlich befinden sich unter den Aktiva der Banken auch Sachkapital und Beteiligungen. Dennoch gilt aber, daß eine Einlage bei einer Bank nicht den Risiken von Sachkapitalanlagen ausgesetzt ist. Sachanlagen tragen das Konjunkturrisiko und das Branchenrisiko; es erscheinen Firmen neu im Markt, und es scheiden Firmen aus, deren Gläubiger tragen die Risiken unerwarteter Abschreibungen. Nicht so die Bankeinleger: Ein Gläubiger einer Bank läuft, von ganz wenigen Ausnahmen abgesehen, nicht die Gefahr, daß er seine Einlage abschreiben muß. Noch nicht einmal der Besitzer eines Pfandbriefs muß unter den heutigen Bedingungen damit rechnen, daß das Schicksal seiner Geldanlage mit jenem der Baufirmen verknüpft ist. Unter Risikoaspekten ist eine Geldanlage bei einer Bank einer Forderung gegen den Staat in etwa gleichwertig. Damit braucht für die Zwecke der hier vorgelegten Analyse nicht explizit

[19] Dem hier verwendeten Modell liegt die Arbeit von Tobin (1969) zugrunde. Eine erweiterte Fassung seines Gleichgewichtsansatzes hat Tobin in seiner Nobel-Lecture dargestellt; vgl. Tobin (1982).

unterschieden zu werden, welcher Teil der Staatsverschuldung im Bankensektor und welcher außerhalb der Kreditinstitute untergebracht ist. Durch die Einbeziehung des Bankensektors in das Modell würde die prinzipielle Aussage nicht berührt. Der Geschäftsbankensektor müßte nur dann explizit in die Analyse eingeführt werden, wenn die Wirkung der einzelnen kreditpolitischen Instrumente untersucht werden sollte. Dies ist aber nicht das Untersuchungsziel der hier vorgelegten Arbeit.

a) Der Investitionskalkül des Modells — das Tobinsche q-Konzept

Aus den Ausführungen im 2. Abschnitt ist schon deutlich geworden, daß dem Renditedifferential, also dem Abstand zwischen der Ertragsrate der Finanzaktiva und jener des Sachkapitals eine große Bedeutung zukommt. Das Modell muß es zulassen, daß dieses Renditedifferential variabel sein kann. Dies schließt eine Konstanz des Differentials nicht aus. Es soll aber nicht die a priori-Entscheidung zugunsten eines konstanten Renditedifferentials, wie zum Beispiel bei Brunner-Meltzer[20] oder bei Friedman[21] getroffen worden. Eine explizite Berücksichtigung eines variablen Abstandes zwischen der Ertragsrate des Sachkapitals und der Rendite auf Finanzaktiva hat Tobin mit seinem q-Konzept in die monetäre Analyse eingeführt.[22] Es seien zunächst die Grundzüge dieses Konzepts erläutert, soweit es für das Verständnis des Modells von Bedeutung ist. Im 4. Abschnitt dieses Teils werden dann einige spezielle Aspekte dieses Konzepts behandelt, da sich gezeigt hat, daß die Interpretation des Tobinschen q nicht einfach und auch in der Literatur nicht einheitlich ist. Das Tobinsche q stellt den relativen Abstand zwischen zwei Bewertungen von Sachkapitalanlagen dar, nämlich zwischen der Bewertung zu Wiederbeschaffungspreisen und der Marktbewertung. Diese Unterscheidung zwischen zwei Bewertungen ist deswegen von analytischer Bedeutung, weil in das Modell nicht nur „reine" Unternehmer eingehen, sondern auch Vermögensanleger, welche die besonderen Eigenschaften von Sachkapitalanlagen nützen wollen, ohne selbst Unternehmer werden zu wollen oder zu können. Solche Anlegergruppen erwerben, wie bereits dargestellt, verbriefte Ansprüche auf Sachkapital (und nicht Sachkapital selbst). Verbriefte Ansprüche auf Sachkapital tragen hinsichtlich Ertrag und Risiko die gleichen

---

20 Brunner, Meltzer (1972) 43.

21 Friedman (1970) 35.

22 Dieses Konzept wird in zahlreichen portfoliotheoretischen Arbeiten verwendet. Die erste (verbale) Beschreibung des Konzepts findet sich bei Tobin (1961). Das Symbol q wurde erstmals in der Arbeit von Tobin, Brainard (1968) verwendet.

Merkmale wie Sachkapital selbst. Bei dieser Anlegergruppe handelt es sich um die Kapitalgeber der Unternehmen.

Das Modell enthält einen Investitionskalkül, der sich — vereinfacht ausgedrückt — wie folgt formulieren läßt. Das Sachkapital, also jene Größe, die auf der Aktivseite der Unternehmensbilanzen steht, liefert einen Ertragsstrom. Wird dieser Ertragsstrom in Relation zum Sachkapitalbestand (zu Wiederbeschaffungspreisen bewertet) gesetzt, ergibt sich die Realertragsrate des Sachkapitals. Es handelt sich hierbei um eine reale, das heißt um die laufende Inflationsrate bereinigte Rendite. Dies steht unter der Voraussetzung, daß sich die Wiederbeschaffungspreise des Sachkapitals gleich verhalten wie jene Preise, welche in den Nominalwert des laufenden Ertragsstroms eingehen. Aber diese Annahme erscheint unproblematisch. Sollen die Unternehmensbilanzen durch Investitionsprozesse ausgeweitet werden, dann müssen Passiva in Form von Eigenkapital oder Fremdkapital beschafft werden, es müssen also Kapitalgeber gefunden werden. Die Passiva müssen bedient werden, den Kapitalgebern fließt eine Rendite zu.

Wird der Ertragsstrom, den das Sachkapital verdient, in Relation zur Marktbewertung der Passiva der Unternehmensbilanzen gesetzt, ergibt sich eine Größe (wiederum als Rendite formuliert), die man mit dem plastischen Ausdruck „Kapitalkosten" versehen kann.[23] Auch hierbei handelt es sich um eine reale Rendite. Aus der Sicht des Unternehmers lohnt es sich zu investieren, wenn die Kapitalkosten kleiner sind als die Realertragsrate, wenn also die Kapitalgeber nicht die volle Partizipation am Realertrag des Sachkapitals erreichen. Der Kalkül sei nun anhand eines Bewertungskonzepts dargestellt.

Die Bewertung des Sachkapitals erfolgt dadurch, daß die zukünftig erwarteten Erträge auf den heutigen Tag abdiskontiert („kapitalisiert") werden. Ein einfaches Bewertungskonzept geht davon aus, daß es sich um homogenes physisches Kapital handelt, dessen zukünftig erwartete Netto-Erträge konstant sind und dessen Lebensdauer unendlich ist. E sei das Symbol für die zukünftig erwarteten Netto-Erträge, i der Zinssatz, mit dem diskontiert wird und $d = 1 + i$ der Diskontfaktor. Der Gegenwartswert v der Kapitalanlage ergibt sich dann als:

$$v = \sum_{t=0}^{\infty} E/d^t = \lim_{t \to \infty} E\,(1 - d^{-t})/(d - 1)$$

Dieser Ausdruck vereinfacht sich zu dem bekannten $v = \frac{E}{i}$.

[23] Der Ausdruck „Kapitalkosten" geht wohl auf die Arbeit von Modigliani, Miller (1957) zurück.

Zwei von den vielen möglichen Zinssätzen, mit denen die zukünftig erwarteten Erträge einer Sachkapitalanlage abdiskontiert werden können, werden von Tobin besonders hervorgehoben.[24] Werden die zukünftig erwarteten Erträge E der Sachkapitalanlage K auf die Weise abdiskontiert, daß sie der Bewertung zu Wiederbeschaffungspreisen p gleich sind, ist der verwendete Zinssatz gleich der internen Verzinsung R (oder der Grenzleistungsfähigkeit des Kapitals):

(1) $$pK = \frac{E}{R}$$

oder

$$R = \frac{E}{pK}$$

Wenn die Kapitalgeber das Sachkapital anders bewerten als zu Wiederbeschaffungspreisen, verwenden sie einen anderen Zinssatz zum Abdiskontieren der zukünftig erwarteten Erträge:

(2) $$qpK = \frac{E}{r_K}$$

oder

$$r_K = \frac{E}{qpK}$$

Dabei ist q der relative Abstand zwischen der Marktbewertung des Sachkapitals — also der Bewertung durch die Kapitalgeber — und der Bewertung zu Wiederbeschaffungspreisen, r_K ist das Symbol für die Kapitalkosten.

(1) durch (2) dividiert ergibt:

(3) $$\frac{R}{r_K} = \frac{E}{pK} \frac{qpK}{E} = q$$

oder

$$R = qr_K$$

Ein Abweichen der Kapitalkosten von der Realertragsrate des Sachkapitals ist mithin äquivalent zu einem Abweichen der Marktbewertung des Sachkapitals von dessen Reproduktionskosten. Oder anders ausgedrückt: Dadurch, daß die Kapitalgeber das Sachkapital anders bewerten als zu Wiederbeschaffungspreisen, bewirken sie, daß die Rendite ihrer Vermögensanlagen, also die Kapitalkosten, von der Realertragsrate abweicht. Wie dies zustande kommt, wird im 4. Abschnitt

---

24 Tobin (1969) 223 f. (Die Seitenzahl bezieht sich auf die deutsche Übersetzung.)

dieses Teils behandelt. Für das Verständnis des Modells kommt es zunächst einmal darauf an, daß für die Anreize zu investieren die Höhe der Kapitalkosten entscheidend ist und nicht ein Zinssatz auf Finanzaktiva. Beide Ertragsroten können in systematischer Weise voneinander abweichen. Für den Fall, daß die Realertragsrate R variabel ist, kommt es auf den relativen Abstand zwischen Realertragsrate und Kapitalkosten an, repräsentiert durch das Tobinsche q.

Es sei noch auf eine Eigenschaft der Definition des Tobinschen q in Ausdruck (3) hingewiesen, die für die empirische Messung von Relevanz ist. Der Term E, das Symbol für die zukünftig erwarteten Erträge, kommt sowohl im Zähler als auch im Nenner vor. Der numerische Wert von q hängt mithin nicht von E ab. Die Formulierung (3) hat also den Vorzug, daß Fehler bei der empirischen Bestimmung einer Größe, die eine Annäherung an die zukünftig erwarteten Erträge darstellt, keinen Einfluß auf das gemessene q haben. Aus analytischer Sicht bringt dies außerdem die Annehmlichkeit mit sich, daß keine Hypothese über die Erwartungsbildung der zukünftigen Erträge benötigt wird, um q erklären zu können.

Allerdings muß unterstellt werden dürfen, daß die Investoren und die Kapitalgeber näherungsweise dieselben Vorstellungen über die zukünftigen Erträge haben, daß also die Informationen symmetrisch verteilt sind. Dies könnte bezweifelt werden.[25] Volkswirtschaften mit entwickelten Märkten für Beteiligungspapiere bieten vielfältige Möglichkeiten, daß auch Kleinanleger als Kapitalgeber auftreten können, vor allem über die Aktienmärkte. Kleinanleger haben keinen Einblick in die Bücher der Unternehmen und verfügen im allgemeinen über weniger Informationen über die Zukunft als die Investoren. Es ist aber zu sehen, daß die Märkte für Beteiligungen von den Kleinanlegern zwar alimentiert, aber nicht gemacht werden. Die Kursbewegungen gehen zum überwiegenden Teil auf Dispositionen der Banken zurück; die Einflußmöglichkeiten reichen hier von der Anlageberatung bis hin zum eigenen Erwerb von Beteiligungen. Banken haben einen guten Einblick in die Bücher der Unternehmen, zum Beispiel durch Aufsichtsratsmandate, vor allem aber durch die Kreditwürdigkeitsprüfung bei einem Engagement als Fremdkapitalgeber. Es besteht also durchaus Berechtigung für die Annahme, daß jene, die über die Marktbewertung der Passiva der Unternehmen befinden, näherungsweise dieselben Informationen haben wie die Investoren. Bewegungen im relativen Abstand zwischen der Realertragsrate und den Kapitalkosten sind dann nicht als Produkt asymmetrischer Informationsverteilung zu verstehen.

---

[25] Die Hypothese der asymmetrischen Informationsverteilung wird z. B. von Leland, Phyle (1977) und Jüttner (1983) vertreten.

Eine marktmäßige Erklärung solcher Bewegungen erscheint plausibler. Dies wird im 4. Abschnitt dieses Teils dargestellt.

An dieser Stelle sei noch auf eine Komplikation hingewiesen, die mit dem hier verwendeten Kapitalkostenkonzept verbunden ist. Das Konzept stellt sich zunächst so dar, als ob die Marktbewertung des Sachkapitals allein von den Gläubigern der Unternehmen (bzw. von den Determinanten deren Verhaltens) bestimmt würde: Der Marktwert entspricht dem Gegenwartswert der zukünftig erwarteten Erträge, wenn diese mit den Kapitalkosten abdiskontiert werden. Streng genommen gilt dies nur für Unternehmen, die sich zu 100 % über die Ausgabe von fungiblen Eigenkapitalansprüchen, etwa Aktien, finanzieren. Dies entspricht nicht der Realität, die Unternehmen finanzieren sich zu einem Teil auch über eine Fremdmittelaufnahme zu einem festen Zinssatz. Ein Grund dafür liegt darin, daß die Fremdmittelaufnahme zu festem Zins die Eigenkapitalrentabilität erhöhen kann — der Leverage-Effekt.[26] Ist der Leverage-Effekt wirksam, dann hängt der Marktwert der Unternehmen auch von deren Finanzierungsstruktur, repräsentiert etwa durch die Relation von Fremdmittelaufnahme zum Gesamtkapital, ab.

Die Existenz eines Leverage-Effekts wird von Modigliani-Miller abgelehnt.[27] In ihrer Analyse gleichen sich Fremdkapitalkosten und Eigenkapitalkosten an. Dies steht unter der Voraussetzung vollkommener Kapitalmärkte für die Unternehmen in gleichen Risikogruppen; dies ist eine Annahme, deren Realitätsgehalt bestritten wird.[28]

Wird das Modigliani-Miller-Theorem abgelehnt, ist die Existenz eines Leverage-Effekts zu beachten, jedenfalls bei der empirischen Überprüfung des dargestellten Kapitalkostenkonzepts. Die im empirischen Teil dieser Arbeit erläuterte Quantifizierung der Marktbewertung des Sachkapitals und der Kapitalkosten berücksichtigt explizit die Fremdmittelaufnahme und damit die Finanzierungsstruktur der Unternehmen. Die Kapitalkosten werden als gewogener Durchschnitt aus Eigenkapitalrentabilität und Fremdmittelzinsen errechnet.[29]

---

[26] Der Leverage-Effekt bezeichnet die „Hebel-Wirkung" zunehmender Fremdfinanzierung auf die Eigenkapitalrentabilität: Werden Investitionen fremdfinanziert, deren Rentabilität über dem Zins für Fremdkapital liegt, erhöht die Fremdfinanzierung die Eigenkapitalrentabilität; vgl. etwa die Darstellung bei Schneider (1980) 488 ff. oder bei Geigant, Sobotka, Westphal (1975) 300.

[27] Modigliani-Miller (1958).

[28] z. B. Schneider (1980) 502 f.

[29] Es sei noch darauf verwiesen, daß dies keine Inkonsistenz zwischen Analyserahmen und empirischer Überprüfung darstellt. Für die im 4. Abschnitt dieses Teils erörterten analytischen Überlegungen ist die Hypothese

b) *Die strukturellen Beziehungen des Modells*

Das Modell enthält drei Sektoren und drei Vermögensobjekte. Die Sektoren sind:

— Zentralbank

— Staat

— Private.

Die Vermögensobjekte sind:

— homogenes Sachkaptial im Besitz der Privaten (*K*)

— Forderungen der Privaten gegen die Zentralbank (*M*)

— zinstragende Forderungen der Privaten gegen den Staat, also Staatsschuldtitel (*S*).

Die Analyse ist komparativ-statischer Art.

Die Gläubiger-Schuldner-Beziehungen der Privaten untereinander heben sich in der Aggregation auf, das Nettovermögen (*W*) der Privaten ergibt sich mithin als:

$$W = qK + \frac{M}{p} + \frac{S}{p} \tag{4}$$

p ist das laufende Preisniveau, das Nettovermögen ist also in realen Größen definiert. *M* ist die Zentralbankgeldmenge. Es handelt sich dabei um keinen Stoff mit besonderen Eigenschaften, als Voraussetzung geht in die Analyse nur ein, daß *M* der Menge nach steuerbar ist und sich seine nominale Ertragsrate nicht marktmäßig bildet, sondern von der Zentralbank festgelegt wird — üblicherweise ein Null-Zins.[30] Die Zentralbankgeldmenge, die Summe der Staatsschuldtitel und der Sachkapitalbestand sind exogene Größen des Systems. Bei Änderungen der exogenen Größen werden die Märkte durch Anpassungen der Ertragsraten der Vermögensobjekte und des Marktwertes des Sachkapitals geräumt. Die relevanten Ertragsraten sind ebenfalls als reale Größen definiert:

---

der symmetrischen Informationsverteilung eine nützliche Annahme. Sie impliziert, daß die Finanzierungsstruktur der Unternehmen den Marktteilnehmern bekannt ist, so daß sie in der Marktbewertung fungibler Kapitalansprüche zum Ausdruck kommt. Die empirische Quantifizierung braucht aber die symmetrische Informationsverteilung nicht mehr; gleichwohl ist sie im Quantifizierungskonzept als ein Spezialfall unter einer breiteren Klasse von Fällen enthalten.

30 Es beeinträchtigt die Analyse nicht, wenn der Nominalzins von Null verschieden ist. Entscheidend ist lediglich, daß sich der Nominalzins auf Geld nicht marktmäßig bildet, sondern durch Hoheitsakt oder Konvention fixiert ist.

(5) $$R = q r_K$$

(6) $$r_M = r'_M - \pi$$

(7) $$r_S = r'_S - \pi$$

Dabei sind R, q und r_K wie in (1) - (3) definiert, r_M ist die reale und r'_M die nominale Ertragsrate auf Zentralbankgeld, r_S die reale Ertragsrate und r'_S die nominale Ertragsrate auf Staatsschuldtitel. π stellt die erwartete Preissteigerungsrate dar, sie wird, wie auch das laufende Preisniveau, als exogene Größe eingeführt. Für ein Portfoliomodell ist dies durchaus zulässig, da Portfolioanpassungsprozesse und Reaktionen der Zinssätze sehr viel schneller vor sich gehen als Anpassungen des Preisniveaus. Außerdem wird das Preisniveau auch wesentlich von Vorgängen beeinflußt, die von Vermögensentscheidungen unabhängig sind, die sich also außerhalb des Modells abspielen. Die Grenzleistungsfähigkeit R wird ebenfalls als exogen betrachtet.

Unter den endogenen Größen des Systems befinden sich die Kapitalkosten, die Marktbewertung des Sachkapitals relativ zu den Reproduktionskosten und die Realzinsen auf Staatsschuldtitel. Sie reagieren in systematischer Weise auf Änderungen der Zentralbankgeldmenge, der Summe der Staatsschuldtitel und der Realertragsrate des Sachkapitals. Um die Anpassungen untersuchen zu können, muß die Nachfrage nach den einzelnen Vermögensobjekten spezifiziert werden. Als Argumente werden die realen Ertragswerte, das Volkseinkommen (Y) und das Gesamtvermögen verwendet. Das Volkseinkommen muß eingeführt werden, um das Transaktionsmotiv der Geldnachfrage berücksichtigen zu können.

Die Vermögensvariable ist berücksichtigt, um die Vermögensabhängigkeit der Geldnachfrage zuzulassen. Die Vermögensabhängigkeit der Geldnachfrage ist zwar auf der empirischen Ebene noch umstritten.[31] Gleichwohl bildet sie eine wichtige Voraussetzung in einer Reihe von crowding out-Analysen.[32]

Ist die Vermögenshöhe gegeben, dann berührt jede Entscheidung, welche die Nachfrage nach einem Vermögensobjekt verändert, automatisch auch die Nachfrage nach den anderen Vermögensobjekten. Deswegen müssen alle Argumente, welche in der Nachfragefunktion für ein Vermögensobjekt erscheinen, auch Argumente der Nachfragefunktionen der anderen Vermögensobjekte sein. Die Portfolioumschichtungen, die in Reaktion auf eine Änderung eines Arguments eintreten,

[31] Vgl. Friedman, B. (1978) 622 ff.

[32] Vgl. die Übersicht bei Schiller (1983) 61 ff.

müssen sich zu Null addieren. Das ist das sogenannte „adding up"-Erfordernis. Nur für die Nettovermögensvariable trifft dies nicht zu. Die Änderungen der Nachfrage nach den einzelnen Vermögensobjekten, welche in Reaktion auf Variationen des Gesamtvermögens eintreten, müssen sich zur Änderung des Gesamtvermögens addieren.

Die Markträumungsbedingungen lassen sich schreiben als:

$$qK = f_K (r_K, r_M, r_S, Y, W) \tag{8}$$

$$\frac{M}{p} = f_M (r_K, r_M, r_S, Y, W) \tag{9}$$

$$\frac{S}{p} = f_S (r_K, r_M, r_S, Y, W) \tag{10}$$

Für die partiellen Differentialquotienten in (8) - (10) wird angenommen, daß die Nachfrage nach jedem Vermögensobjekt positiv mit dessen eigener Ertragsrate und negativ mit den anderen Ertragsraten verknüpft ist. Für die Vorzeichen der partiellen Differentialquotienten gilt dann:

$$\begin{aligned} &\frac{\partial f_K}{\partial r_K} > 0, \frac{\partial f_K}{\partial r_M} < 0, \frac{\partial f_K}{\partial r_S} < 0 \\ &\frac{\partial f_M}{\partial r_K} < 0, \frac{\partial f_M}{\partial r_M} > 0, \frac{\partial f_M}{\partial r_S} < 0 \\ &\frac{\partial f_S}{\partial r_K} < 0, \frac{\partial f_S}{\partial r_M} < 0, \frac{\partial f_S}{\partial r_S} > 0 \end{aligned} \tag{11}$$

Der Bedarf an Transaktionsmitteln, der mit Änderungen des Volkseinkommens einhergeht, wird nicht zu Lasten des Sachkapitals, sondern zu Lasten der verzinslichen Finanzaktiva gedeckt, dann gilt:

$$\begin{aligned} &\frac{\partial f_K}{\partial Y} = 0 \quad \text{und} \\ &\frac{\partial f_S}{\partial Y} = - \frac{\partial f_M}{\partial Y}, \quad \text{mit} \quad \frac{\partial f_M}{\partial Y} \geqq 0 \end{aligned} \tag{12}$$

Das adding up-Erfordernis bedingt:

$$\sum_{i=1}^{3} \frac{\partial f_i}{\partial r_j} = 0 \ , \quad j = 1, 2, 3$$

Das bedeutet, die Spalten in (11) addieren sich zu Null.

Für die Reaktion auf Änderungen des Nettovermögens gilt:

$$\frac{\partial f_K}{\partial W} + \frac{\partial f_M}{\partial W} + \frac{\partial f_S}{\partial W} = 1$$

c) Eine analytische Zerlegung der Zinssätze

Von den sieben Gleichungen (4) - (10) sind je sechs linear unabhängig [die linken Seiten von (8) - (10) addieren sich zur rechten Seite von (4)]. Das System kann also sechs endogene Variable bestimmen. Von Interesse für die vorliegende Fragestellung ist die Lösung des Modells vor allem für den Realzins auf Staatsschuldtitel, für die Kapitalkosten und damit — wegen (5) — auch für die Marktbewertung des Sachkapitals relativ zu den Wiederbeschaffungspreisen. Im folgenden soll eine erste Prüfung der Plausibilität der Vorzeichenabsprache in (11) vorgenommen werden. Dazu werden zwei Ertragsraten analytisch zerlegt.

Um den Realzins für staatliche Wertpapiere zu bestimmen, kann Ausdruck (10) benutzt werden.[33] Wird (10) total differenziert und nach dem Realzins für staatliche Wertpapiere aufgelöst, ergibt sich folgender Ausdruck (die Vermögensvariable ist an dieser Stelle noch nicht berücksichtigt):

$$(13)\quad dr_S = -\frac{\dfrac{\partial f_S}{\partial r_K}}{\dfrac{\partial f_S}{\partial r_S}}\,dr_K - \frac{\dfrac{\partial f_S}{\partial r_M}}{\dfrac{\partial f_S}{\partial r_S}}\,dr_M - \frac{\dfrac{S}{p^2}}{\dfrac{\partial f_S}{\partial r_S}}\,dp + \frac{\dfrac{1}{p}}{\dfrac{\partial f_S}{\partial r_S}}\,dS - \frac{\dfrac{\partial f_S}{\partial Y}}{\dfrac{\partial f_S}{\partial r_S}}\,dY$$

Unter Berücksichtigung von (11) ergeben sich für (13) folgende Vorzeichen:

	dr_K	dr_M	dp	dS	dY
dr_S	+	+	−	+	+

Der Zinssatz auf Staatsschuldtitel ist mit dem Angebot an Staatsschuldtiteln positiv verknüpft, eine Zunahme dieses Angebots erhöht ceteris paribus den Realzins. Es ist aber ersichtlich, was unverändert bleiben muß, damit die direkte Zinswirkung einer Änderung der Staatsverschuldung sich durchsetzt. Der Realzins auf Staatsschuldtitel ist positiv mit den Kapitalkosten r_K verknüpft. Ein Rückgang der Kapitalkosten kann also die zinserhöhende Wirkung einer Zunahme der Staatsverschuldung abschwächen, kompensieren oder sogar mehr als kompensieren.

Auf die Kapitalkosten wirken das Angebot an Zentralbankgeld sowie, über (5), realwirtschaftliche Vorgänge, welche die Ertragslage im Unternehmenssektor verändern. Der Einfluß der monetären Politik auf die Kapitalkosten kann aus (9) abgeleitet werden. Dieser Ausdruck total differenziert und nach dr_K aufgelöst ergibt:

---

[33] Die nun folgende Zerlegung der Zinssätze lehnt sich an Geigant (1977) an.

$$(14)\quad dr_K = + \frac{\frac{1}{p}}{\frac{\partial f_M}{\partial r_K}} dM - \frac{\frac{M}{p^2}}{\frac{\partial f_M}{\partial r_K}} dp - \frac{\frac{\partial f_M}{\partial r_M}}{\frac{\partial f_M}{\partial r_K}} dr_M - \frac{\frac{\partial f_M}{\partial r_S}}{\frac{\partial f_M}{\partial r_K}} dr_S - \frac{\frac{\partial f_M}{\partial Y}}{\frac{\partial f_M}{\partial r_K}} dY$$

Unter Berücksichtigung von (11) ergeben sich für (14) folgende Vorzeichen:

	dM	dp	dr_M	dr_S	dY
dr_K	−	+	+	−	+

Die Kapitalkosten sind negativ mit der Zentralbankgeldmenge verknüpft. Alle Maßnahmen der monetären Politik, die darauf gerichtet sind, das Angebot an Zentralbankgeld zu erhöhen, bewirken also eine Senkung der Kapitalkosten und damit, wegen (13), auch einen Rückgang der Realzinsen auf Staatsschuldtitel.

Die Zerlegung des Realzinses auf Staatsschuldtitel in (13) und der Kapitalkosten in (14) vermittelt einige Einblicke in die Bestimmungsgründe für die Entwicklung der beiden Ertragsraten. Es könnten einige ceteris paribus-Betrachtungen angestellt werden. So gilt zum Beispiel für die isolierte Wirkung einer Änderung der Staatsverschuldung auf die Kapitalkosten:

$$\frac{dr_K}{dS} = - \frac{\frac{\partial f_M}{\partial r_S}}{\frac{\partial f_M}{\partial r_K}} \frac{\frac{1}{p}}{\frac{\partial f_S}{\partial r_S}} < 0$$

Ceteris paribus erfordert also eine Zunahme der Staatsverschuldung eine Senkung der Kapitalkosten und wirkt damit monetär expansiv auf die private Investitionstätigkeit. Allerdings zeigen sich hier auch gewisse Tücken der ceteris paribus-Betrachtung. Wenn die Wirkung einer Zunahme der Staatsverschuldung eintritt, nämlich eine Erhöhung des Volkseinkommens Y, ist das Gleichgewicht am Markt für Zentralbankgeld gestört. Es müssen dann nach (13) oder (14) entweder die Realzinsen auf Statsschuldtitel oder die Kapitalkosten (oder beide) in Reaktion auf eine Zunahme von Y steigen. Welche Wirkung dominiert, läßt sich aus (13) und (14) nicht ablesen. Überdies läßt sich über die Wirkung eines weiteren exogenen Einflußfaktors, nämlich die Realertragsrate R, noch nicht viel aussagen. Es muß mithin eine Lösung gefunden werden, die den Interdependenzen des Modells hinreichend Rechnung trägt in dem Sinne, daß eine Änderung der Nachfrage nach

Transaktionskasse explizit zugelassen und untersucht wird, wie das System bei exogen verursachten Änderungen von R reagiert.

d) Eine Erklärung der Zinssätze unter Berücksichtigung der Interdependenzen des Modells

Eine Untersuchung der finanziellen Wirkungen der Staatsverschuldung bedeutet der Frage nachzugehen, wie eine Änderung der Staatsverschuldung auf den Zinssatz für Staatsschuldtitel einwirkt, und wie die Anreize, zu investieren, also Sachkapital zu erwerben, beeinflußt werden. Im Rahmen der portfoliotheoretischen Betrachtung sind die Kapitalkosten die ausschlaggebende Variable dafür, ob die Privaten mehr oder weniger Sachaktiva in ihre Portefeuilles aufzunehmen wünschen. Konkret geht es also um die Frage, wie eine Änderung der Staatsverschuldung auf die Ertragsraten r_S und r_K wirkt. Da diese beiden Zinssätze auch von der monetären Politik beeinflußt werden, soll die Analyse ferner zeigen, wie Änderungen der Geldmenge auf die Ertragsraten einwirken.

Es soll aber noch ein weiterer Aspekt einbezogen werden. Wie im nächsten Abschnitt und außerdem im Teil III dieser Arbeit dargelegt wird, gibt es gute Gründe anzunehmen, daß die Realertragsrate R nicht nur zyklisch schwankt, sondern im Zeitablauf auch trendmäßige Änderungen aufweisen kann. Hiervon kann ein eigenständiger Einfluß auf das Portfolioverhalten der Privaten und auf die Ertragsratenbildung ausgehen. Ist dem so, dann sind Veränderungen der Anreize zum Sachkapitalerwerb nicht mehr allein an den Kapitalkosten abzulesen, sondern auch am relativen Abstand zwischen den Kapitalkosten und der Realertragsrate. Dieser Abstand wird durch das Tobinsche q repräsentiert.

Mithin sind r_K, r_S und q die interessierenden endogenen Größen. Die relevanten exogenen Variablen sind M, S und R. Gesucht ist also ein Ausdruck, welcher die Veränderungen von r_K, r_S und q in Abhängigkeit von Variationen von M, S und R zeigt. Um diese Lösung zu finden, müssen einige Umformungen der Modell-Gleichungen vorgenommen werden.

Zur Erklärung der Ertragsraten r_S und r_K können die Markträumungsbedingungen (9) und (10) verwendet werden. Es soll dabei explizit zugelassen werden, daß die Geldnachfrage nicht allein von Zinssätzen abhängt, sondern auch vom Transaktionsvolumen, repräsentiert durch das Volkseinkommen Y, und vom Vermögen W. Im Rahmen der Analyse gibt es drei Möglichkeiten, das Vermögen des Systems zu beeinflussen, nämlich Änderungen von M und S sowie die Marktbewertung des Sachkapitals relativ zu den Reproduktionskosten. Um dies zu berücksichtigen, wird die Vermögensdefinition (4) in (9) und (10) eingesetzt, wobei q in (4) durch den äquivalenten Ausdruck $\frac{R}{r_K}$ ersetzt wird. Das Transaktionsvolumen wird als Funktion der Staatsverschuldung angesetzt. Ferner wird die reale Ertragsrate auf Geld r_M nicht mehr berücksichtigt. Dies stellt aber keine große Beeinträchtigung der Analyse dar, da der Nominalzins auf Geld fixiert ist und die Preiserwartungen als exogen eingeführt werden.

Die Markträumungsbedingungen (9) und (10) gehen dann über in:

$$\frac{M}{p} = f_M\left(r_S, r_K, Y(S), \frac{R}{r_K} K + \frac{M+S}{p}\right) \tag{15}$$

$$\frac{S}{p} = f_S\left(r_S, r_K, Y(S), \frac{R}{r_K} K + \frac{M+S}{p}\right) \tag{16}$$

Für den durch das System induzierten Transaktionsmittelbedarf wird, zur Vereinfachung der Schreibweise, der Ausdruck

$$M_\triangle = \frac{\partial f_M}{\partial Y} \frac{dY}{dS} \tag{17}$$

eingeführt. Die Analyse steht unter der Voraussetzung, daß $M_\triangle$ keine negativen Werte annimmt. Diese Annahme bedarf einer Erklärung.

Der erste Ausdruck in (17) ist mit Sicherheit positiv. Ist $M_\triangle$ auf den Bereich der nichtnegativen Zahlen begrenzt, so ist dies auch der zweite Ausdruck in (17). Die Frage ist, ob diese Annahme die Modellergebnisse zwingend präjudiziert. Nun spielt der Differentialquotient $\frac{dY}{dS}$ in stromtheoretischen crowding out-Analysen eine Rolle, er wird dort üblicherweise als Staatsausgabenmultiplikator bezeichnet. In stromtheoretischen Kategorien wird üblicherweise die Frage, ob ein crowding out oder ein crowding in die Folge einer Zunahme der Staatsverschuldung ist, an der Größenordnung des Staatsausgabenmultiplikators beurteilt.[34] Daran gemessen tritt ein crowding in auf, wenn der Multiplikator größer Eins ist, wenn also das Volkseinkommen um mehr steigt als die schuldenfinanzierte Erhöhung der Staatsausgaben. Ist der Multiplikator kleiner Eins, gehen die privaten Ausgaben als Folge der staatlichen Schuldenoperationen zurück, es kommt zum crowding out. In dieser

[34] Vgl. u. a. Brunner, Meltzer (1976), Siebke, Knoll, Schmidberger, siehe auch die Übersichten bei Dieckheuer (1980) und Schiller (1983), insbesondere 18 ff.

Sicht liegt die „kritische Grenze" für den Differentialquotienten $\frac{dY}{dS}$ bei Eins (und nicht beim Übergang der positiven Zahlen zu den negativen Zahlen).

Im Anschluß an Carlson und Spencer[35] spricht man von einem

— crowding in, wenn der Multiplikator $\frac{dY}{dS}$ größer Eins ist,

— partiellen crowding out, wenn sich dieser Multiplikator zwischen Null und Eins bewegt,

— vollständigen crowding, wenn der Multiplikator Null ist,

— über crowding out (over crowding out), wenn der Multiplikator negative Werte annimmt.

Carlson und Spencer weisen darauf hin, daß ein over crowding out, wenn es überhaupt auftreten kann, nur als langfristige Wirkung von Schuldenoperationen des Staates möglich ist.[36] Die lange Frist ist aber nicht Gegenstand der Analyse, die an dieser Stelle dargestellt wird. Die in diesem Abschnitt diskutierte Modell-Betrachtung bezieht sich auf kürzere Fristen, schon von daher kann es keine unzulässige Einschränkung der Analyse sein, den Differential-Quotienten $\frac{dY}{dS}$ auf den Bereich der nichtnegativen Zahlen zu begrenzen. (Eine Langfrist-Betrachtung ist Gegenstand des 5. Abschnitts des Teil II.)

Es ist aber noch weiteres zu beachten. Im Rahmen der bestandstheoretischen Analyse, die hier angewandt wird, sind die Kapitalkosten die entscheidende Variable, an denen die Wirkungsrichtung von staatlichen Schuldenoperationen abgelesen wird. Steigen die Kapitalkosten, dann nimmt die Attraktivität des Sachkapitalerwerbs ab, es kommt zum crowding out; entsprechend kommt es zum crowding in, wenn die Kapitalkosten sinken. Das Modell muß also zulassen, daß sich die Kapitalkosten in beiden Richtungen bewegen können. Dies ist aber gewährleistet, und zwar unabhängig von einer beliebigen Größenordnungs-Einschränkung für den Differentialquotienten $\frac{dY}{dS}$. Die Beschränkung dieses Quotienten auf den Bereich der nichtnegativen Zahlen impliziert also keinesfalls eine bestimmte Ergebnisrichtung.

Um zu ermitteln, wie r_S und r_K auf Variationen von M und S reagieren, werden die Gleichungen (15) und (16) total differenziert. Unter

---

35 Carlson, Spencer (1975), 3.

36 Carlson, Spencer (1975), 14 f.

Verwendung der Schreibweise (17) ergibt sich dann folgendes Gleichungssystem in Matrix-Form:

$$(18)\quad \begin{bmatrix} \frac{\partial f_M}{\partial r_S} & \frac{\partial f_M}{\partial r_K} - \frac{\partial f_M}{\partial W}\frac{RK}{r_K^2} \\ \frac{\partial f_S}{\partial r_S} & \frac{\partial f_S}{\partial r_K} - \frac{\partial f_S}{\partial W}\frac{RK}{r_K^2} \end{bmatrix} \begin{bmatrix} dr_S \\ dr_K \end{bmatrix} = \begin{bmatrix} \frac{1}{p}\left(1 - \frac{\partial f_M}{\partial W}\right) \\ -\frac{\partial f_S}{\partial W}\frac{1}{p} \end{bmatrix} dM + \begin{bmatrix} -M_\triangle - \frac{\partial f_M}{\partial W}\frac{1}{p} \\ M_\triangle + \frac{1}{p}\left(1 - \frac{\partial f_S}{\partial W}\right) \end{bmatrix} dS$$

Die Vorzeichen in (18) sind:

$$(19)\quad \begin{bmatrix} - & - \\ + & - \end{bmatrix} \begin{bmatrix} dr_S \\ dr_K \end{bmatrix} = \begin{bmatrix} + \\ - \end{bmatrix} dM + \begin{bmatrix} - \\ + \end{bmatrix} dS$$

Die Determinante der Matrix in (18), sie sei mit $\det A$ bezeichnet, ist positiv.

Die Ausdrücke für die Differentialquotienten der endogenen bezüglich der exogenen Variablen lassen sich mittels der Cramerschen Regel gewinnen. Für die Reaktionen der Zinsen auf Staatsschuldtitel gilt, allein schon aufgrund der Vorzeichen von (19):

$$(20)\quad \frac{dr_S}{dM} < 0$$

$$(21)\quad \frac{dr_S}{dS} > 0$$

Das bedeutet, eine Zunahme (Abnahme) der Geldmenge senkt (erhöht) den Realzins auf Staatsschuldtitel. Umgekehrtes gilt für Schuldenoperationen des Staates; eine Zunahme (Abnahme) der Staatsverschuldung erhöht (senkt) den Realzins auf Staatsschuldtitel. Um die Wirkungen der Geldmenge und der Staatsverschuldung auf die Kapitalkosten festzustellen, müssen die Ausdrücke für die entsprechenden Differentialquotienten näher untersucht werden.

Für die Wirkung von Geldmengenvariationen ergibt sich:

$$(22)\quad \frac{dr_K}{dM} = \frac{1}{\det A}\left[\frac{\partial f_M}{\partial r_S}\left(-\frac{\partial f_S}{\partial W}\frac{1}{p}\right) - \frac{\partial f_S}{\partial r_S}\frac{1}{p}\left(1 - \frac{\partial f_M}{\partial W}\right)\right]$$

Damit gilt:

$$(23)\qquad \frac{dr_K}{dM} \gtreqless 0 \quad \text{je nachdem, ob} \quad \frac{\partial f_M}{\partial r_S}\left(-\frac{\partial f_S}{\partial W}\right) \gtreqless \frac{\partial f_S}{\partial r_S}\left(1-\frac{\partial f_M}{\partial W}\right)$$

Aufgrund der Absprache über die Reaktionen auf Änderungen des Vermögens ergibt sich die Ungleichung:

$$(24)\qquad \frac{\partial f_S}{\partial W} \leqq \left(1-\frac{\partial f_M}{\partial W}\right)$$

Das adding up-Erfordernis bedingt:

$$(25)\qquad \left|\frac{\partial f_M}{\partial r_S}\right| \leqq \frac{\partial f_S}{\partial r_S}$$

Aufgrund der Vorzeichenabsprache (11) ist aber das Gleichheitszeichen in (25) ausgeschlossen, damit wird das Vorzeichen von (22) eindeutig; es gilt:

$$\frac{dr_K}{dM} < 0$$

Das heißt, eine Zunahme (Abnahme) der Geldmenge senkt (erhöht) die Kapitalkosten, wirkt also expansiv (kontraktiv) auf den Sachkapitalerwerb.

Für die Reaktion der Kapitalkosten auf eine Änderung der Staatsverschuldung ergibt sich:

$$(26)\qquad \frac{dr_K}{dS} = \frac{1}{\det A}\left[\frac{\partial f_M}{\partial r_S}\left(M_\triangle + \frac{1}{p}\left(1-\frac{\partial f_S}{\partial W}\right)\right) - \frac{\partial f_S}{\partial r_S}\left(-M_\triangle - \frac{\partial f_M}{\partial W}\frac{1}{p}\right)\right]$$

Damit gilt:

$$(27)\qquad \frac{dr_K}{dS} \gtreqless 0 \quad \text{je nachdem, ob}$$

$$\left|\frac{\partial f_M}{\partial r_S}\right|\left(M_\triangle + \frac{1}{p}\left(1-\frac{\partial f_S}{\partial W}\right)\right) \lesseqgtr \frac{\partial f_S}{\partial r_S}\left(M_\triangle + \frac{\partial f_M}{\partial W}\frac{1}{p}\right)$$

Das Vorzeichen von (27) ist allein aufgrund des Modells unter der getroffenen Vorzeichenabsprache nicht eindeutig zu machen. Die Annahmen und das Modell lassen also zu, daß sowohl ein crowding out als auch ein crowding in die Folge einer Zunahme der Staatsverschuldung sein kann. Das Vorzeichen in (27) hängt mithin von weiteren Annahmen über die Vermögensentscheidungen der Privaten ab.

Es sei nun noch das Verhalten von q, also der Marktbewertung des Sachkapitals relativ zu den Reproduktionskosten betrachtet. Die beiden Markträumungsbedingungen (15) und (16) haben die Bewegungen von r_S und r_K erklärt. Zur Bestimmung von q steht die Ertragsratengleichung (5) zur Verfügung. Bei exogen determiniertem R bewegt sich q gegenläufig zu r_K. Außerdem ist unmittelbar ersichtlich, daß sich dann, wenn r_K über die Markträumungsbedingungen bestimmt ist, R und q gleichläufig verhalten.

Für die Reaktionen der interessierenden endogenen auf die relevanten exogenen Variablen läßt sich nunmehr folgendes Schema aufstellen:

(28)

	dM	dS	dR
dr_K	$-$	?	0
dr_S	$-$	$+$	0
dq	$+$	?	$+$

Die Wirkungsrichtung der monetären Politik ist eindeutig. Eine Zunahme der Zentralbankgeldmenge senkt sowohl die Realzinsen auf Finanzaktiva als auch die Kapitalkosten und erhöht den Marktwert des Sachkapitals relativ zu dessen Reproduktionskosten. Daß dieses Ergebnis eindeutig ist, ist nicht Folge dessen, daß M ein Stoff mit besonderen Eigenarten wäre. Vielmehr folgt dieses Resultat daraus, daß bei Variationen der Zentralbankgeldmenge eine Anpassung der eigenen Ertragsrate ausgeschlossen ist. Bei Veränderungen der Zentralbankgeldmenge muß die Anpassungslast voll von den Ertragsraten der anderen Vermögensobjekte, hier also von r_S und r_K, getragen werden, um das neue Portfoliogleichgewicht herzustellen.

Anders ist es bei Änderungen der zinstragenden Staatsverschuldung. Hier kann ein Teil der Anpassung an Variationen der Summe der Statsschuldtitel durch gegenläufige Veränderungen der Realzinsen auf Staatsschuldtitel getragen werden; je nach der Stärke der Reaktion der Realzinsen muß dann ein größerer oder kleinerer Teil der Anpassung von anderen Ertragsraten getragen werden. In dem Modell steht hierfür nur die Kapitalkostenvariable r_K zur Verfügung, und die Frage ist nun, welche Bedingungen gegeben sein müssen, damit die Richtung der Wirkungen einer Änderung der Staatsverschuldung auf die Kapitalkosten eindeutig wird. Ist diese Beziehung festgelegt, dann kann auch ein eindeutiger Zusammenhang zwischen den Änderungen der Staatsverschuldung und der Marktbewertung des Sachkapitals festgestellt werden.

Das Vorzeichen des Differentialquotienten $\frac{dr_K}{dS}$ in (27) hängt von den Größenordnungen von $\frac{\partial f_M}{\partial r_S}$ und $\frac{\partial f_S}{\partial r_S}$ ab und außerdem von $\frac{\partial f_K}{\partial W}$ (ist $\frac{\partial f_K}{\partial W} > 0$, so gilt $1 - \frac{\partial f_S}{\partial W} > \frac{\partial f_M}{\partial W}$).

Die Größenordnungen dieser Differentialquotienten spiegeln das Portfolioverhalten der Privaten wider. Durch Schuldenoperationen des Staates erhöht sich gemäß (4) das Nettovermögen der Privaten. Zentralbankgeldmenge und Kapitalstock bleiben annahmegemäß unverändert. Es müssen sich die Ertragsraten anpassen, damit die Märkte für Vermögensobjekte geräumt werden. Mögliche Anpassungen in Reaktion auf eine Zunahme der Staatsverschuldung sind ein Anstieg von r_S oder ein Fallen oder Steigen von r_K. Ein Anstieg von r_S trägt sowohl dazu bei, den Markt für Staatsschuldtitel zu räumen als auch den Markt für Zentralbankgeld wieder ins Gleichgewicht zu bringen. Die direkte Zinswirkung einer Zunahme der Staatsschuldtitel ist also eindeutig.

Keinesfalls so eindeutig ist aber die Wirkung auf r_K. Sie hängt davon ab, ob die Privaten bei einer Zunahme der Staatsschuldtitel das höhere Vermögen mehr in Geld oder mehr in Sachkapital halten wollen. Das ist also wieder die Frage, ob Wertpapiere gute Substitute zu Geld oder gute Substitute zu Sachkapital sind. Im ersten Fall ist es der Markt für Sachaktiva, der geräumt werden muß; dies bedingt bei gegebenem K, daß r_K sinkt. Im zweiten Fall ist es der Markt für Zentralbankgeld, der geräumt werden muß; dies bedingt, daß r_K steigt. Das sind elementare ertragstheoretische Aspekte der neo-keynesianischen (liquiditätstheoretischen) und der neo-quantitätstheoretischen (monetaristischen) Ansicht.

Im neo-keynesianischen Fall sind Geld und Wertpapiere gute Substitute, die Wahl zwischen den beiden Anlageformen ist deshalb in hohem Maße zinsempfindlich. Schon eine kleine Erhöhung des Realzinses wird die Nachfrage nach Kasse beträchtlich abnehmen lassen. Wertpapiere und Sachkapital stehen in einem eher komplementären Verhältnis zueinander. Bei einer Zunahme der Staatsschuldtitel wird also relativ mehr Sachkapital als Geld nachgefragt. Ist der Kapitalstock gegeben, senkt dies die Kapitalkosten und erhöht die Marktbewertung des Sachkapitals. Die zinserhöhende Wirkung der Zunahme der Staatsschuldtitel ist vergleichsweise gering.

Ein umgekehrtes Ergebnis tritt im monetaristischen Fall ein. Finanzaktiva und Sachkapital sind hier substitutiv. Eine Erhöhung der Realzinsen auf Staatsschuldtitel, etwa in Reaktion auf Verschuldungsoperationen des Staates, läßt die Nachfrage nach Sachkapital auf jeden Fall zurückgehen. Bei gegebenem Kapitalstock erhöht dies die Kapitalkosten und senkt die Marktbewertung des Sachkapitals. Die Kapitalkosten entwickeln sich in die gleiche Richtung wie die Realzinsen auf Staatsschuldtitel. Die Räumung des Marktes für Zentralbankgeld verlangt eine vergleichsweise kräftige Anpassung der Realzinsen. Nunmehr läßt sich abschätzen, welches Vorzeichen für $\frac{dr_K}{dS}$ jeder der beiden Fälle impliziert und welche Kriterien das Modell anbietet, um empirisch entscheiden zu können, welches Portfolioverhalten die Wirklichkeit besser abbildet.

Im neo-keynesianischen Fall gilt:

$$\frac{\partial f_K}{\partial r_S} \approx 0 \, , \; \frac{\partial f_S}{\partial r_S} \approx \left| \frac{\partial f_M}{\partial r_S} \right| \text{ und } \frac{\partial f_K}{\partial W} > 0$$

Damit ist in der Vorzeichenabschätzung von (27) der rechte Term kleiner als der linke, und das Vorzeichen des Differentialquotienten ist negativ. Für die Wirkung einer Änderung der Staatsverschuldung auf die endogenen Variablen — die 2. Spalte im Schema (28) — gelten dann folgende Vorzeichen:

(29)

	dS
dr_K	−
dr_S	+
dq	+

Bei dieser Konstellation der Differentialquotienten senkt eine Zunahme der Staatsverschuldung die Kapitalkosten und erhöht die Marktbewertung des Sachkapitals relativ zu den Wiederbeschaffungspreisen. Die Zunahme der Staatsverschuldung wirkt anregend auf die private Investitionstätigkeit, es kommt zum crowding in. Eine wichtige und empirisch nachprüfbare Implikation dieses Falles ist, daß es zu gegenläufigen Bewegungen zwischen den Realzinsen auf Staatsschuldtitel und den Kapitalkosten kommt. Das Renditedifferential $r_K - r_S$ ist variabel, es kann sich öffnen und schließen. Ob dieser Fall eine gute Abbildung der Wirklichkeit darstellt, ist eine empirisch zu entscheidende Frage. Zum Beispiel aus einer Situation heraus kommend, in welcher $r_K > r_S$ ist, zeigt eine Abnahme des Renditedifferentials $r_K - r_S$ an, daß ein crowding in stattfindet.

Im monetaristischen Fall gilt:

$$\frac{\partial f_M}{\partial r_S} \approx 0 \text{ und } \frac{\partial f_S}{\partial r_S} \approx \left| \frac{\partial f_K}{\partial r_S} \right|$$

Dies reicht bereits aus, um das Vorzeichen in (27) eindeutig zu machen, eine Annahme über die Reaktion der Sachkapitalnachfrage auf Vermögensänderungen wird nicht benötigt. In der Vorzeichenabschätzung (27) ist im monetaristischen Fall der linke Term eindeutig kleiner als der rechte, und das Vorzeichen des Differentialquotienten ist positiv. Für die Wirkungen einer Änderung der Staatsverschuldung auf die endogenen Variablen gelten dann folgende Vorzeichen:

(30)

	dS
dr_K	+
dr_S	+
dq	−

In diesem Fall erhöht eine Zunahme der Staatsverschuldung die Kapitalkosten und senkt die Marktbewertung des Sachkapitals relativ zu den Wiederbeschaffungspreisen. Die Zunahme der Staatsverschuldung wirkt dämpfend auf den Sachkapitalerwerb, es kommt zum crowding out. In diesem Fall kommt es zu gleichgerichteten Bewegungen bei den Realzinsen auf Staatsschuldtiteln und den Kapitalkosten, das Renditedifferential $r_K - r_S$ ist konstant.

e) Wirkungen von Änderungen der Realertragsrate des Sachkapitals auf die Zinsen für Staatsschuldtitel

Im vorangegangenen Abschnitt ist untersucht worden, welche Anpassungen der Kapitalkosten, der Realzinsen auf Staatsschuldtitel und der Marktbewertung des Sachkapitals in Reaktion auf Änderungen des Angebots an Zentralbankgeld und an Staatsschuldtiteln eintreten können. Dabei ist das Modell so interpretiert worden, daß die Markträumungsbedingugnen für Zentralbankgeld und Staatsschuldtitel die realen Zinsen auf Finanzaktiva r_S und die Kapitalkosten r_K bestimmen, während die Ertragsratengleichung $R = qr_K$ über die Marktbewertung des Sachkapitals relativ zu dessen Wiederbeschaffungspreisen befindet. Die exogenen Argumente in den Markträumungsbedingungen waren Änderungen der Vermögensbestände in Form von Variationen der Geldmenge und der Menge an Staatsschuldtiteln.

Es ist nun noch zu untersuchen, welche Einflüsse von Änderungen der Realertragsrate R auf die realen Zinsen der Finanzaktiva ausgehen. Die eingangs dieser Arbeit dargelegte Vermutung ging dahin, daß die Zinsbildung für Staatsschuldtitel nicht allein mit den Angebotsmengen zu erklären ist, sondern auch von der Ertragslage im Sachkapitalbereich abhängt.[37] Bei der Darstellung des Portfolioverhaltens im Abschnitt 2 d) des II. Teils war ausgeführt worden, daß die Analyse der Vermögensentscheidungen impliziert, daß ein exogen bewirkter Rückgang der Realertragsrate R auf Sachkapital auch zu einer Senkung der realen Rendite auf Staatsschuldtitel führt. Die Begründung war folgende. Werden aufgrund des Konjunkturrisikos die Ertragsaussichten für Sachkapital ungünstiger eingeschätzt, dann kann das höhere Risiko des Haltens von Sachkapital durch eine vermehrte Hereinnahme von Finanzaktiva in das Portefeuille kompensiert werden.

Die Hypothese läßt sich anhand der Markträumungsbedingungen für Staatsschuldtitel verdeutlichen, die in einer vereinfachten Version geschrieben wird. Untersucht werden soll, wie Variationen von R auf r_S wirken. M, S, q und damit auch W werden konstant gehalten, dann kann die Markträumungsbedingung einfach geschrieben werden als:

$$\frac{S}{p} = f_S\,(r_S, R) \tag{31}$$

Die Hypothese ist, daß:

$$\frac{\partial f_S}{\partial R} < 0 \tag{32}$$

eine zusätzliche Erklärung für die Zinsbildung auf Staatsschuldtitel bieten kann. Dies hat eine empirisch nachprüfbare Implikation für das Vorzeichen des Differentialquotienten $\frac{dr_S}{dR}$. (31) total differenziert (und unter Berücksichtigung, daß dS annahmegemäß gleich Null ist) ergibt:

$$-\frac{S}{p^2}\,dp = \frac{\partial f_S}{\partial r_S}\,dr_S + \frac{\partial f_S}{\partial R}\,dR \tag{33}$$

Es ist unmittelbar ersichtlich, daß unter Verwendung der Vorzeichenabsprache (11) die Hypothese (32) impliziert, daß:

$$\frac{dr_S}{dR} > 0 \tag{34}$$

gilt. Änderungen der Realertragsrate R werden dann in gleichgerichtete Bewegungen der Realzinsen auf Staatsschuldtitel transformiert. Aber auch das ist eine Frage, welche empirisch entschieden werden kann.

---

37 2. Abschnitt im Teil I.

4. Beziehungen zwischen Realertragsrate, Kapitalkosten und realisiertem Kapitalstock — analytische Aspekte des q-Konzepts und deren Implikationen für die empirische Überprüfung

a) Zur Relevanz des Problems

Im Rahmen der dargestellten Analyse des Portfolioverhaltens der Privaten und der Wirkungen der Staatsverschuldung auf den Sachkapitalerwerb kommt dem q-Konzept eine tragende Rolle zu. Dabei erfaßt der q-Faktor, um es zu rekapitulieren, den relativen Abstand zwischen der Realertragsrate des Sachkapitals und den Kapitalkosten, das ist äquivalent zum Abstand zwischen der Marktbewertung des Sachkapitals und der Bewertung zu Wiederbeschaffungspreisen.

Die Relevanz dieses Konzepts ergab sich von daher, daß eine strenge Substitutionsbeziehung zwischen Finanzvermögen und Sachaktiva nicht als Voraussetzung in die Analyse eingehen soll, sondern daß eine breitere Klasse von Beziehungen zugelassen sein soll. Eine Konsequenz ist dann, daß die Bewegungen eines Zinssatzes auf Finanzaktiva keine zuverlässige Aussage darüber machen, welche Einflüsse von finanziellen Ereignissen — Änderungen der Geldmenge und der Staatsverschuldung — auf die Neigung der Privaten zum Sachkapitalerwerb ausgehen. Eine Zunahme der Staatsverschuldung kann auch dann, wenn sie die Zinsen auf Staatsschuldtitel erhöht, anregend auf die Investitionstätigkeit der Privaten wirken, sofern sie zu einer Senkung der Kapitalkosten führt (crowding in).

Die Entwicklung der Kapitalkosten wurde im vorangegangenen Abschnitt allein mit den Bedingungen der Markträumung auf den Märkten für Geld und Staatsschuldtitel erklärt. Inwieweit auf die Kapitalkosten auch nicht-finanzielle Ereignisse einwirken, vor allem solche, die sich in Änderungen der Realertragsrate niederschlagen, blieb bislang außer acht. Dies zu untersuchen, ist ein Zweck der folgenden Ausführungen. Die Fragestellung ist nicht nutzlos, sie hat durchaus ihre analytische und empirische Relevanz.

Mit den Darlegungen in diesem Abschnitt ist noch ein weiteres bezweckt. Es ist betont worden, daß das Portfolioverhalten der Privaten nicht nur theoretisch durchleuchtet, sondern auch empirisch überprüft werden soll. Nun sind einige zentrale Größen der Analyse nicht direkt beobachtbar; es handelt sich um die Kapitalkosten, die Realertragsrate des Sachkapitals und das Tobinsche q. Diese Größen werden in keiner amtlichen Statistik erfaßt. Mithin bleibt nur eine indirekte Messung übrig. Die Quantifizierung ist aus konzeptionellen Gründen nicht ganz einfach, es sind dabei auch einige Fallgruben zu vermeiden. Die Qualität der Messung sollte deswegen nicht allein mit empirischen Mitteln, etwa der Güte der Anpassung in Regressionsschätzungen, beurteilt werden. Bewegungen der indirekt gemessenen Größen sollten auch aus analytischen Überlegungen erklärbar sein, nicht zuletzt, um auch dem Vorwurf der „Messung ohne Theorie" zu begegnen.

Daneben muß noch ein weiterer Punkt angeschnitten werden. Es hat sich gezeigt, daß die Interpretation des Tobinschen *q* umstritten ist. Unterschiede in der Interpretation hatten auch zur Folge, daß verschiedene Hypothesen über die Größenordnung des „wahren" *q* vertreten werden. Dies hatte seinerseits Konsequenzen für die Konstruktion von Meßkonzepten und damit auch für die numerischen Werte des empirisch ermittelten q. Im folgenden wird ein Interpretationsvorschlag zur Diskussion gestellt. Ferner wird dargelegt, welche analytischen Überlegungen den Meßkonzepten zugrunde liegen, welche im empirischen Teil dieser Arbeit dargestellt sind.

b) Das Problem der Größenordnung von q — ein Interpretationsvorschlag

Tobin selbst hat in seiner grundlegenden Arbeit von 1969 die Hypothese vertreten, daß langfristig im Wachstumsgleichgewicht der Gleichgewichtswert von *q* bei 1 liegt. Dies hat einen prägenden Einfluß auf die Meßkonzepte ausgeübt. Für die Vereinigten Staaten wurden empirische Beobachtungen für q unter anderem von Tobin, Brainard[38], Lindenberg, Ross[39], Ciccolo[40], Brainard, Shoven, Weiss[41] und vom Council of Economic Advisors[42] vorgelegt. Diese Arbeiten kamen zu dem Ergebnis, daß *q* sowohl Werte über 1 als auch unter 1 annehmen kann. Dies ist konsistent mit der Vermutung eines langfristigen Gleichgewichtswertes von $q = 1$.

In Deutschland haben unter anderem das Ifo-Institut[43] und Gebauer[44] Zahlenwerte vorgelegt, bei denen *q* in etwa um den Mittelwert 1 schwankt. Auch die Bank of England kommt zu einem ähnlichen Resultat.[45] Abweichend hiervon kommt von Fürstenberg[46] zu dem Ergebnis,

---

38 Tobin, Brainard (1977).

39 Lindenberg, Ross (1981).

40 Ciccolo (1979).

41 Brainard, Shoven, Weiss (1980).

42 Council of Economic Advisors (1977) 29 und (1978) 68.

43 Ifo-Schnelldienst (1976).

44 Gebauer (1976).

45 Bank of England (1976 a) und (1976 b).

46 von Furstenberg (1977).

daß q in der Realität normalerweise kleiner als 1 sein müsse, dem entsprechen seine empirischen Messungen des Tobinschen q. Als erste haben Ciccolo und Fromm 1979[47] eine Analyse vorgelegt, in welcher sie den theoretischen Nachweis führen, daß $q = 1$ kein Gleichgewichtswert zu sein braucht, sondern daß q auch über einen längeren Zeitraum größer als 1 sein kann. Ein gleiches Ergebnis wurde 1981 auch in einer empirischen Untersuchung mit deutschem Zahlenmaterial vorgelegt.[48]

Im folgenden soll gezeigt werden, daß in einer wachsenden Wirtschaft, in der die reale Netto-Investition pro Periode immer positiv ist, das „wahre" q in aller Regel größer als 1 sein muß. Zu diesem Zweck wird zunächst eine Plausibilitätsüberlegung angestellt. Danach folgt eine einfache grafische und algebraische Analyse, die belegen soll, daß in einer wachsenden Wirtschaft der numerische Wert von 1 die Untergrenze für das „wahre" q bildet, die nur in einem einzigen, sehr unrealistischen Fall erreicht wird.

Aus der keynesianischen Theorie ist der Kalkül bekannt, daß sich ein Investitionsprojekt nur dann lohnt, wenn der interne Zinsfuß des Projekts, im Sinne der Grenzleistungsfähigkeit, größer ist als der Marktzins. Die Analogie zum Investitionskalkül des neo-keynesianischen Portfoliomodells liegt auf der Hand. Verwendet man als jenen Zins, welcher der Grenzleistungsfähigkeit gegenüberzustellen ist, nicht einen Marktzins auf Finanzaktiva, sondern die Kapitalkostenvariable, so lautet der Kalkül, daß sich ein Investitionsprojekt nur dann lohnt, wenn der interne Zinsfuß größer ist als die Kapitalkosten, mithin das Projekt einen q-Wert größer als 1 aufweist. Für jede einzelne Firma stellt also die interne Verzinsung die Obergrenze für die Kapitalkosten dar, welche die Firma gerade noch zu akzeptieren bereit ist.

Welcher Kapitalstock in der Gesamtwirtschaft zu einem bestimmten Zeitpunkt realisiert wird, läßt sich analytisch einfach ableiten. Zu jedem Zeitpunkt existieren Firmen mit unterschiedlicher interner Verzinsung. In der Gesamtwirtschaft läßt sich damit eine Kurve der Nachfrage nach Kapital K^N erstellen, die so angeordnet ist, daß sie links mit der Firma mit der höchsten internen Verzinsung beginnt und dann sukzessive, gemäß dem Kriterium fallender interner Verzinsung, die Kapitalnachfrage der anderen Firmen addiert wird. Das ergibt die bekannte Kurve, welche die Grenzleistungsfähigkeit mit dem Kapitalbestand verbindet; sie ist negativ geneigt wie etwa die RR-Gerade in Schaubild 1. Diese Kurve zeigt die Kapitalnachfrage K^N der Investoren in Abhängigkeit von der Grenzleistungsfähigkeit R. Dem wird das Ka-

47 Ciccolo, Fromm (1979).

48 Ketterer, Vollmer (1981).

Schaubild 1

Kapitalkosten und Realertragsrate im Durchschnitt der Gesamtwirtschaft

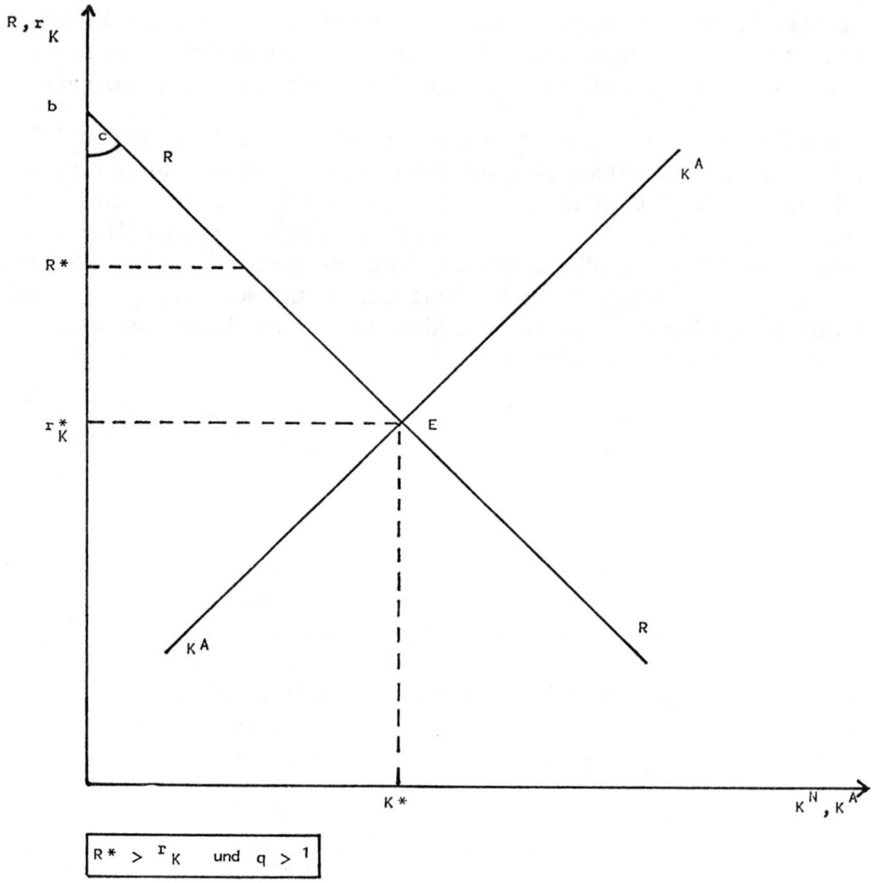

pitalangebot der Kapitalgeber K^A gegenübergestellt, in Schaubild 1 ist es als elastisch in bezug auf r_K angenommen. (Es handelt sich um die grafische Darsellung der Nachfrage der Vermögensanleger nach verbrieften Ansprüchen auf Sachkapital. Die Steigung der Geraden ist $\frac{\partial r_K}{\partial f_K}$[49], die anderen Argumente der f_K-Funktion sind als konstant angenommen.) Die beiden Geraden schneiden sich im Punkt E. Wird von

[49] Es handelt sich also um den reziproken Wert des Differentialquotienten $\frac{\partial f_K}{\partial r_K}$.

E das Lot auf die Abszisse gefällt, erhält man den realisierten Kapitalbestand K^*, die Kapitalkosten ergeben sich als r_K^*.

Bevor diese einfache Darstellung einigen Komplikationen ausgesetzt wird, sei auf eine wichtige Schlußfolgerung hingewiesen. Die am Markt realisierten Kapitalkosten entsprechen der internen Verzinsung der letzten Firma, die bei dem gegebenen Kapitalangebot gerade noch zum Zuge kommt. Für diese Firma ergibt sich ein q von genau gleich 1. Rechts vom Punkt E lohnt sich das Investieren nicht mehr. Links vom Punkt E gibt es aber lauter solche Firmen, deren interne Verzinsung höher ist, als die am Markt realisierten Kapitalkosten. Diese Firmen weisen alle ein q von größer 1 auf. Damit gilt aber auch, daß im Durchschnitt der Gesamtwirtschaft q größer als 1 sein muß.

Solange in einer Volkswirtschaft auch nur eine einzige Firma existiert, die eine höhere interne Verzinsung als die anderen Firmen aufweist und das Kapitalangebot größer ist als die Kapitalnachfrage der Firma mit der höheren internen Verzinsung, muß sich mithin im Durchschnitt der Gesamtwirtschaft immer ein q größer 1 einstellen. Selbstverständlich darf davon ausgegangen werden, daß jeder einzelne Kapitalgeber die volle Partizipation am Realertrag derjenigen Firma mit der höchsten internen Verzinsung zu erreichen versucht. Durch die Konkurrenz der Kapitalgeber untereinander wird aber am Markt diejenige Höhe der Kapitalkosten hergestellt, wie sie der internen Verzinsung der letzten, noch zum Zuge kommenden Firma entspricht. Es ist also der Wettbewerb der Kapitalgeber untereinander, der dafür sorgt, daß die Kapitalkosten kleiner sind als die Grenzleistungsfähigkeit im Durchschnitt der Wirtschaft, und daß q in der Gesamtwirtschaft zu jedem Zeitpunkt größer 1 ist.

Für den Fall linearer Kurvenverläufe ergeben sich die folgenden einfachen Zusammenhänge, wobei noch keine Annahme über den Funktionstyp der Kapitalangebotskurve gemacht wird. Die RR-Gerade in Schaubild 1 hat den Achsenabschnitt b und die (negative) Steigung c, sie folgt also dem Ausdruck:

$$R = b - cK^N \tag{35}$$

Die Kapitalkosten, die im Schnittpunkt E zustande kommen, ergeben sich als:

$$r_K^* = b - cK^* \tag{36}$$

Die interne Verzinsung im Durchschnitt der Gesamtwirtschaft R^* ergibt sich als Flächeninhalt des Trapezes, welches durch die Punkte 0, K^*, E und b gebildet wird, bezogen auf den Kapitalbestand K^*:

(37) $$R^* = \frac{K^* r_K^* + \frac{b - r_K^*}{2} K^*}{2} = r_K^* + \frac{1}{2} (b - r_K^*)$$

Das bedeutet, R^* liegt genau in der Mitte zwischen b und r_K^*.

(36) in (37) eingesetzt und entsprechend umgeformt liefert als Ausdruck für R^*:

(38) $$R^* = b - \frac{cK^*}{2}$$

Das Tobinsche q ergibt sich dann aus der Division von (38) durch (36):

(39) $$q^* = \frac{R^*}{r_K^*} = \frac{b - \frac{cK^*}{2}}{b - cK^*}$$

Nach Ausdruck (39) muß bei plausiblen Annahmen über die Steigungen der Geraden und die relevanten Größenordnungen das Tobinsche q immer größer als 1 sein. Der numerische Wert von 1 stellt die Untergrenze dar. Diese wird nur erreicht, wenn entweder K^* oder c gleich Null ist, das heißt also, wenn der realisierte Kapitalbestand gleich Null ist oder die RR-Gerade völlig horizontal verläuft. Beides sind Grenzfälle — theoretisch zwar denkbar, aber wohl von geringer empirischer Relevanz.

Dies gilt für eine Betrachtung zu einem gegebenen Zeitpunkt. Es ist nunmehr freilich noch zu beachten, daß im Zeitablauf Verschiebungen der Kurven eintreten und deren Steigungen sich ändern können. Schwankungen der Investitionstätigkeit sind, im Rahmen des Modells, Erscheinungen von Bestandsanpassungsprozessen. Diese können dadurch ausgelöst werden, daß die (positive) Differenz zwischen der Marktbewertung des Sachkapitals und dessen Reproduktionskosten größer wird, daß mit anderen Worten der Preis des bereits vorhandenen Sachkapitals relativ zum Preis der (neu zu produzierenden) Investitionsgüter steigt. In Reaktion hierauf nimmt die Investitionsgüternachfrage zu, was nun seinerseits die Preise der Investitionsgüter steigen läßt. Dies bewirkt eine Verschiebung der RR-Kurve. Ebenso haben auch Änderungen der Ertragsaussichten eine Niveauverschiebung der Kurve der Grenzleistungsfähigkeit zur Folge.

Die Steigung der RR-Geraden ist verschieden je nachdem, ob die Unterschiede der internen Verzinsung der einzelnen Firmen stark oder weniger stark sind. Des weiteren kann sich die K^A-Gerade, welche die Nachfrage der Vermögensanleger nach verbrieften Ansprüchen auf Sachkapital in Abhängigkeit von r_K zeigt, in Reaktion auf Änderungen der anderen Argumente der f_K-Funktion nach rechts oder links bewegen. Die einfache analytische Zerlegung des Tobinschen q gemäß Ausdruck (39) sowie grafische Darstellungen analog zum Schaubild 1 sind geeignet, eine Klassifikation und Behandlung zumindest der wichtigsten empirisch relevanten Fälle zu ermöglichen.

c) Analyse empirisch relevanter Fälle der Veränderungen von q

aa) Drehung der *RR*-Geraden

Als erstes sei der Fall betrachtet, in welchem die Steigung der *RR*-Geraden sich verändert bei Konstanz der übrigen Parameter. Partielle Differentiationen von q nach c liefert folgendes Vorzeichen:

$$\frac{\partial q}{\partial c} > 0$$

Es ist dabei zu beachten, daß hier nach dem absoluten Wert von c differenziert worden ist. c entspricht dem Tangens des Winkels, welchen die *RR*-Gerade mit der Ordinate bildet; er bewegt sich im Wertebereich von $-\infty$ (vertikale *RR*-Gerade) bis 0 (horizontale *RR*-Gerade). Steigender absoluter Wert von c bedeutet also eine Drehung der *RR*-Geraden im Uhrzeigersinn, das heißt q wird um so größer, je steiler die *RR*-Gerade verläuft. Die grafische Entsprechung findet sich in Schaubild 2, in welchem drei *RR*-Geraden mit unterschiedlicher Steigung dargestellt sind. Das R, welches sich im Durchschnitt der Gesamtwirtschaft einstellt, liegt, analog zu Schaubild 1 und gemäß Ausdruck (37), immer in der Mitte zwischen dem Ordinatenabschnitt b und den realisierten Kapitalkosten. Es ist ersichtlich, daß der Abstand zwischen R und r_K um so größer wird, je steiler die *RR*-Gerade ist; desto größer ist auch q. Die Partizipation der Kapitalgeber am Realertrag des Sachkapitals wird also um so geringer, je steiler die Kurve der Grenzleistungsfähigkeit verläuft.

Dies kann wie folgt ökonomisch interpretiert werden. Ein vergleichsweise flacher Verlauf der *RR*-Geraden, wie zum Beispiel bei R_0 im Schaubild 2 unterstellt, bedeutet, daß in der Volkswirtschaft eine Vielzahl hochrentierlicher Investitionsmöglichkeiten vorhanden ist, die sich in ihrer internen Verzinsung nur wenig voneinander unterscheiden. Hier drängen viele hochrentable Investitionsprojekte auf den Markt, die Konkurrenz der Investoren um das Angebot anlagesuchender Mittel seitens der Vermögensanleger ist groß, dies ermöglicht es den Vermögensanlegern, verhältnismäßig hohe Kapitalkosten durchzusetzen. Die Vermögensanleger sind in einer starken Marktposition im Vergleich zu den Investoren. Die Marktverhältnisse drehen sich aber, je mehr sich die anstehenden Investitionsprojekte in ihrer internen Verzinsung voneinander unterscheiden. Die *RR*-Gerade wird steiler, wie zum Beispiel R_1 und R_2 in Schaubild 2, die Vermögensanleger konkurrieren die Kapitalkosten nach unten, im Durchschnitt der Gesamtwirtschaft wird die Partizipation am Realertrag des Sachkapitals kleiner.

Schaubild 2 verdeutlicht grafisch nochmals den Sachverhalt, daß eine Gleichheit von R und r_K und damit ein numerischer Wert von 1 für q nur dann gegeben ist, wenn die *RR*-Gerade vollständig horizontal verläuft. Das bedeutet, daß alle in einer Volkswirtschaft anstehenden Investitionsprojekte genau dieselbe interne Verzinsung aufweisen. Dies ist ein Zustand, der in der Realität wohl nie erreicht sein wird. Selbstverständlich ist es für jeden Investor dem Grundsatz nach möglich, solche Investitionsvorhaben, die sich als weniger rentierlich als andere erweisen, nicht mehr vorzunehmen und höher rentierliche Objekte in Angriff zu nehmen. Es ist aber zu sehen, daß Sachkapital bei weitem nicht so mobil ist wie eine Aktie oder ein fungibles Wertpapier. Erweisen sich Investitionen in einem spezifischen Produktionsapparat nicht mehr als sehr rentierlich, so kann ein Unternehmen nicht von heute auf morgen die Produktion umstellen. Solche Umstellungsprozesse sind zeitaufwendig, und solange es überhaupt Umstellungsprozesse gibt, werden beständig Firmen mit unterschiedlicher interner Verzinsung vorhanden sein.

Es ist auch schwer einsehbar, warum irgendein Wachstumszustand, einschließlich eines Wachstumsgleichgewichts, mit einer Konstellation vereinbar sein soll, bei der alle Investitionsprojekte sich genau gleich rentieren. Ein Wachstumsprozeß ist untrennbarr mit Innovationen verbunden; er kann nur aufrecht erhalten werden, wenn beständig neue Produkte und neue Produktionsprozesse auftreten, die sich wenigstens in der Einführungsphase besser rentieren als bereits existierende Produkte und Produktionsverfahren. Auch dies bedingt unterschiedliche interne Verzinsungen der anstehenden Investitionsprojekte. In einer wachsenden Wirtschaft muß deswegen das „wahre“ q immer größer 1 sein. Ein numerischer Wert von kleiner 1 würde implizieren, daß die Investitionsprojekte im Durchschnitt der Gesamtwirtschaft weniger Ertrag bringen, als sie kosten. Ökonomische Gründe für ein Wachstum wären nicht mehr gegeben.

bb) Verschiebung der *RR*-Geraden

Es sei nun der Fall betrachtet, in welchem sich das Niveau der *RR*-Geraden verschiebt bei Konstanz der übrigen Parameter. Es wird also der Ordinatenabschnitt b der *RR*-Geraden variiert. Eine solche Niveau-

Schaubild 2

Kapitalkosten und Realertragsrate bei Drehung der RR-Geraden

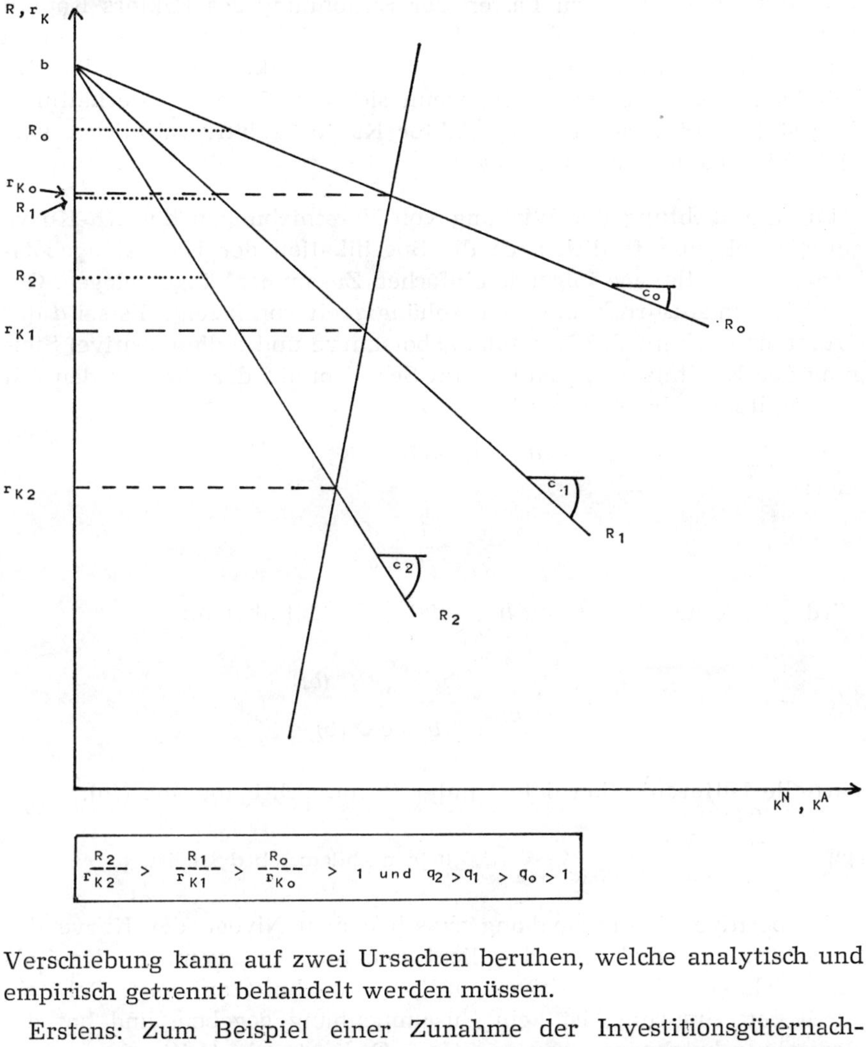

$$\frac{R_2}{r_{K2}} > \frac{R_1}{r_{K1}} > \frac{R_o}{r_{Ko}} > 1 \text{ und } q_2 > q_1 > q_o > 1$$

Verschiebung kann auf zwei Ursachen beruhen, welche analytisch und empirisch getrennt behandelt werden müssen.

Erstens: Zum Beispiel einer Zunahme der Investitionsgüternachfrage steigert zunächst die Produktion in den Investitionsgüterindustrien, führt dann aber schließlich auch zu Preissteigerungen der Investitionsgüter. Dies erhöht die Anschaffungskosten der Investitionsobjekte und senkt die Grenzleistungsfähigkeit. Dadurch wird die Kurve der Grenzleistungsfähigkeit, die *RR*-Gerade, nach unten verschoben. Diese Art der Verschiebung ist aber nicht dauerhaft; sie ist Teil eines Bestandsanpassungsprozesses, der das bekannte zyklische Muster hat.

Zweitens: Die RR-Gerade kann sich zum Beispiel nach unten verschieben, wenn sich die Ertragserwartungen der Investoren nachhaltig verschlechtern. Dies ist etwa dann der Fall, wenn eine Umverteilung des Volkseinkommens zu Lasten der Entlohnung des Faktors Kapital und zugunsten der Entlohnung des Faktors Arbeit bei unveränderten Knappheitsverhältnissen zwischen den beiden Faktoren stattfindet. Der Fall kann aber auch eintreten, wenn sich die Knappheitsverhältnisse dergestalt verändern, daß der Faktor Kapital relativ reichlicher verfügbar ist als der Faktor Arbeit.

Für die Richtung der Wirkung von Verschiebungen der RR-Kurve auf q spielt nun freilich auch die Spezifikation der Kapitalangebotskurve eine Rolle, wie folgende einfachen Zusammenhänge belegen. Gesucht ist ein Ausdruck, der q in Abhängigkeit von b zeigt. Es sei d der Ordinatenabschnitt der Kapitalangebotskurve und e die (positive) Steigung der Kapitalangebotskurve. Im Schnittpunkt der RR-Geraden mit der Kapitalangebotskurve gilt:

$$d + eK^* = b - cK^*$$

oder:

$$K^* = \frac{b - d}{c + e} \tag{40}$$

Wird q in Abhängigkeit von b gesetzt, geht (39) über in:

$$q^*(b) = \frac{b - \frac{c}{2} K^*(b)}{b - cK^*(b)} \tag{41}$$

Partielle Differentiation liefert unter Berücksichtigung von (40):

$$\frac{\partial q}{\partial b} = \frac{c}{2(c + e)} d \gtreqless 0 \text{ je nachdem, ob } d \gtreqless 0 \text{ ist.} \tag{42}$$

Ein positiver Zusammenhang zwischen dem Niveau der Kurve der Grenzleistungsfähigkeit und q liegt also nur vor, wenn die Kapitalangebotskurve einen positiven Ordinatenabschnitt aufweist. Geht sie durch den Ursprung, ist kein Zusammenhang gegeben, und hat die Kapitalangebotskurve einen negativen Ordinatenabschnitt, nimmt q zu (ab), wenn sich die RR-Gerade nach unten (oben) verschiebt. Ein inverses Verhältnis paßt nicht zur herkömmlichen Interpretation, die auf Keynes selbst zurückgeht.[50] Es erscheint eine kurze Kommentierung angebracht.

---

[50] Keynes (1936) 135 ff.

In der üblichen keynesianischen Theorie wird der Zusammenhang zwischen Niveauverschiebungen der Kurve der Grenzleistungsfähigkeit und Änderungen im Abstand zwischen der Marktbewertung und den Wiederbeschaffungspreisen des Sachkapitals wie folgt gesehen. Expansive finanzielle Impulse, also entweder eine Erhöhung der Zentralbankgeldmenge oder eine Zunahme der Staatsverschuldung, die unter den Bedingungen des crowdnig in vor sich geht, lassen die Grenzleistungsfähigkeit relativ zu den Kapitalkosten (die in der herkömmlichen Interpretation gleich den Realzinsen auf Finanzaktiva sind) steigen. Oder, was das Gleiche ist, die Marktbewertung des Sachkapitals steigt relativ zu den Wiederbeschaffungspreisen. Mit einer Verschiebung der Kurve der Grenzleistungsfähigkeit nach oben ist eine Zunahme von q verbunden. Daraufhin steigt die Nachfrage nach Investitionsgütern. Nach einer gewissen Zeit werden die Produzenten von Investitionsgütern in Reaktion auf die höhere Nachfrage ihre Preise heraufsetzen. Die Wiederbeschaffungspreise steigen relativ zur Marktbewertung des Sachkapitals. Höhere Wiederbeschaffungspreise verschieben die Kurve der Grenzleistungsfähigkeit nach unten. Dies ist ein Vorgang, welcher mit einer Abnahme von q verbunden ist.

In dieser Interpretation kommt es zu gegenläufigen Bewegungen zwischen q und den Wiederbeschaffungspreisen. Daraus folgt: Ein Ansteigen (Fallen) der Wiederbeschaffungspreise senkt (hebt) das Niveau der Kurve der Grenzleistungsfähigkeit, deswegen müssen Verschiebungen der *RR*-Geraden nach unten (oben) mit einem fallenden (steigenden) Wert von q verbunden sein. Nach (42) erfordert dies, daß der Ordinatenabschnitt der Kapitalangebotskurve positiv ist. Dies ist ein Fall unter den drei Fällen, die nach (42) möglich sind.

Es können einige Gründe dagegen angeführt werden, einen positiven Ordinatenabschnitt der Kapitalangebotskurve anzunehmen. Es scheint hier vor allem ein Argument hervorzuheben zu sein. Die Steigung der Kapitalangebotskurve ist $\frac{\partial r_K}{\partial f_K}$, das ist der reziproke Wert zu $\frac{\partial f_K}{\partial r_K}$. Beide Ausdrücke sind positiv. Die Analyse hat versucht zu zeigen, daß Finanzaktiva und Sachaktiva in der Sicht der Vermögen haltenden Wirtschaftssubjekte in einem eher komplementären Verhältnis zueinander stehen. Trifft dies zu, dann werden Bewegungen von r_K nicht zu kräftigen Umschichtungsvorgängen zwischen Sachaktiva und Finanzaktiva führen. Die Elastizität der Nachfrage nach Sachaktiva in bezug auf die Kapitalkosten ist dann gering, $\frac{\partial f_K}{\partial r_K}$ ist vergleichsweise klein und damit die Steigung der Kapitalangebotskurve $\frac{\partial r_K}{\partial f_K}$ vergleichsweise groß. Bei vollständiger Komplementarität zwischen Sachaktiva und Finanzaktiva ist die Elastizität der Nachfrage nach Sachaktiva in bezug auf die Kapitalkosten gleich Null, die Kapitalangebotskurve verläuft dann vertikal. Der Schnittpunkt zwischen der Ordinate und der Kapitalangebotskurve liegt bei $-\infty$. Bei einer nicht vollständigen Komplementaritätsbeziehung, sondern bei der Charakterisierung „eher komplementär" dreht sich die Kapitalangebotskurve leicht im Uhrzeigersinn, es bleibt aber der negative Ordinatenabschnitt erhalten.

Dies bedeutet, daß die Kapitalangebotskurve die Abszisse im positiven Bereich schneidet. Im theoretischen Grenzfall heißt dies, daß die Vermögensanlager selbst bei Kapitalkosten von Null (es sei aber daran erinnert, daß es sich hier um eine reale Rendite handelt, die nominale Rendite kann größer Null sein) noch einen positiven Bestand an Sachaktiva in ihre Portefeuilles aufnehmen wollen. Es handelt sich freilich hierbei im Grunde genommen um einen einfachen Sachverhalt. Die Vermögensanleger nehmen Sachaktiva nicht nur allein deswegen in ihre Portefeuilles auf, weil diese eine Rendite liefern, sondern auch, weil sie anderweitige Dienste leisten. Die Streuung der Risiken, welche in diversifizierten Portefeuilles das Gesamtrisiko kleiner werden läßt als die gewichtete Summe der Einzelrisiken, liefert eine Erklärung hierfür.

Die Analyse richtet sich nicht gegen den in bb) unter Erstens genannten Grund für Verschiebungen der *RR*-Geraden. Es ist durchaus plausibel, im zyklischen Ablauf einen positiven Zusammenhang zwischen R und q anzunehmen. Wenn sich aber die *RR*-Gerade aus dem unter Zweitens genannten Grund verschiebt, braucht der positive Zusammenhang nicht mehr zu bestehen. Eine trendmäßige Abnahme der Grenzleistungsfähigkeit R braucht dann nicht zu einer gleichgerichteten Bewegung in q zu führen, sie kann durchaus mit einem stationären Trend in q einhergehen. Hier handelt es sich aber wiederum um Fragen, welche nur empirisch entschieden werden können.

cc) Verschiebungen der Kapitalangebotskurve

Es sei nun doch der Fall betrachtet, in welchem sich die Kapitalangebotskurve nach links oder nach rechts verschiebt. Das ist also jener Fall, in welchem bei gegebenen Kapitalkosten die Vermögensanleger einmal weniger und das andere mal mehr verbriefte Ansprüche auf Sachkapital halten wollen. Dies ist die Frage nach den Wirkungen einer Kapitalknappheit oder einer reichlichen Verfügbarkeit von Kapital auf die Marktbewertung des Sachkapitals relativ zu den Wiederbeschaffungspreisen.

Für das Vorzeichen der Wirkung auf q spielt die Spezifikation der Kapitalangebotskurve keine Rolle, sie muß lediglich einen Schnittpunkt mit der RR-Geraden im I. Quadranten aufweisen. Von diesem Schnittpunkt werde das Lot auf die Abszisse gefällt, es treffe im Punkt a die Abszisse. In Ausdruck (39) wird dann K^* durch a ersetzt. Partielle Differentiation liefert folgendes Vorzeichen:

$$\frac{\partial q}{\partial a} > 0$$

Das bedeutet also, q ist um so größer (kleiner), je mehr sich die Kapitalangebotskurve nach rechts (links) verschiebt, d. h. je reichlicher (knapper) das Kapitalangebot an die Unternehmen ist. Auch dies ist wiederum ein Fall, in welchem mit einem abnehmenden (zunehmenden) R ein steigendes (fallendes) q verbunden ist.

Eine ökonomische Interpretation bietet sich wie folgt an. Eine Rechtsverschiebung bedeutet, daß das Kapitalangebot an die Unternehmen größer wird. Damit kommen auch Firmen mit einer niedrigeren internen Verzinsung zum Zuge, im Durchschnitt der Gesamtwirtschaft geht R zurück, aber um weniger als die Kapitalkosten, deswegen steigt q. Dies ist Ausdruck dessen, daß ein reichlicher werdendes Kapitalangebot die Konkurrenz der Investoren um das zunehmende Angebot an Mitteln, welche für die Finanzierung von Investitionsprojekten bereitgestellt werden, abnehmen läßt; gleichzeitig nimmt die Konkurrenz der Kapitalgeber untereinander zu. Die Investoren gelangen in eine starke Marktposition, dementsprechend werden die Kapitalkosten heruntergehandelt, die Kapitalgeber erreichen nur eine vergleichsweise geringe Partizipation an der Ertragsfähigkeit des Sachkapitals.

Andererseits gilt, daß die Konkurrenz der Investoren untereinander um so größer wird, je knapper das Kapitalangebot ist. Die Kapitalgeber gelangen in eine starke Marktposition, sie können dadurch relativ hohe Kapitalkosten durchsetzen und erreichen so eine vergleichsweise große Partizipation an der Ertragsfähigkeit des Sachkapitals, der relative Abstand zwischen R und r_K ist klein.

d) Schlußfolgerungen für den Verlauf des „wahren" q

Die unter aa) bis cc) behandelten Konstellationen zwischen Realertragsrate, Kapitalkosten und q sind nicht allein von analytischem Interesse; sie haben durchaus ihre empirischen Entsprechungen in der Nachkriegsentwicklung in Deutschland. Die etwa 30 Jahre der Nachkriegsgeschichte seien einmal grob in drei Phasen unterteilt.

Zu Beginn der 50er Jahre war der Produktionsapparat in Deutschland weitgehend zerstört oder demontiert. Dadurch gab es eine Vielzahl hochrentierlicher Investitionsobjekte, die sich in der internen Verzinsung nicht sehr unterschieden. Nach aa) ist dies der Fall einer relativ flachen RR-Geraden mit vergleichsweise hohem Niveau. Dies impliziert nach aa) ein großes R, ein nahezu gleich großes r_K und ein sehr niedriges q. Ist die Analyse empirisch gehaltvoll, dann müssen die empirisch gemessenen Werte der Realertragsrate in der Gesamtwirtschaft in den 50er Jahren recht hoch sein, die Kapitalkosten dürfen nur knapp darunter liegen, und die gemessenen Werte von q müssen sehr nahe bei 1 sein.

Mit der Wende von den 50er zu den 60er Jahren war das Potential hochrentabler Investitionsmöglichkeiten schon etwas ausgeschöpft. Die interne Verzinsung der anstehenden Investitionsprojekte mußte sich stärker differenzieren. Das ist der Fall einer sich im Uhrzeigersinn drehenden RR-Geraden. Nach aa) impliziert dies ein zurückgehendes R, eine noch stärkere Abnahme von r_K und damit ein steigendes q. Dazu kam ein Anstieg der Ersparnisbildung und ein breiter werdendes Angebot an Beteiligungspapieren, die auch für kleinere Anleger in Frage kamen. Nach cc) ist dies der Fall einer Rechtsverschiebung der Kapitalangebotskurve. Dies mußte die Wirkung einer steiler verlaufenden RR-Geraden noch verstärken. Demzufolge müssen die empirisch gemessenen Werte der Realertragsrate in den 60er Jahren unterhalb der Werte der 50er Jahre liegen, die Kapitalkosten müssen weitaus stärker zurückgegangen sein, und q muß wesentlich höher sein als in den 50er Jahren.

Der Rückgang der Realertragsrate setzte sich in den 70er Jahren fort, aber sehr wahrscheinlich wegen einer Umverteilung des Volkseinkommens zu Lasten des Faktors Kapital entgegen der Knappheitsverhältnisse. Dies war mit einer der Gründe, warum es zur Gewinnkompression kam. Dies ist der Fall einer sich nach unten verschiebenden RR-Geraden (aus einem der in bb) unter Zweitens genannten Gründen). Gleichzeitig haben die erhöhten Risiken des Haltens von Sachaktiva das Kapitalangebot zurückgehen lassen, dies ist der Fall einer Links-Verschiebung der Kapitalangebotskurve, wie unter cc) untersucht. Demzufolge müssen die empirisch gemessenen Werte der Realertragsrate in den 70er Jahren unterhalb der Werte der 60er Jahre liegen. Wegen der Linksverschiebung der Kapitalangebotskurve müssen die Kapitalkosten weniger stark gesunken sein als die Realertragsrate, und q muß in den 70er Jahren wieder deutlich niedriger sein als in den 60ern.

Für den gesamten Zeitraum der etwa 30 Jahre legt die Analyse, zusammen mit den verfügbaren Informationen über die tatsächliche Wirtschaftsentwicklung, folgendes Bild nahe. Die Realertragsrate muß im gesamten Zeitraum eine trendmäßige Abnahme zeigen, kurzfristig überlagert von zyklischen Bewegungen. Das empirisch gemessene q muß in den 50er und in den 70er Jahren vergleichsweise nahe bei 1 sein (es darf aber nie ganz auf den numerischen Wert von 1 zurückgehen). In den 60er Jahren muß es deutlich höher sein als in den beiden Jahrzehnten davor und danach. Ist es so, daß die langfristige Kapitalangebotskurve vergleichsweise steil verläuft, dann braucht der trendmäßige Rückgang der Realertragsrate nicht zu einem gleichgelagerten Rückgang von q zu führen. A priori ist nicht einmal auszuschließen, daß q in den 70er Jahren etwas größer ist als in den 50ern. Die Kapitalkosten müssen in den 50er und in den 70er Jahren nur knapp unterhalb der Realertragsrate liegen, in den 60er Jahren müssen sie aber deutlich kleiner sein als die Realertragsrate.

5. Kurzfristige und langfristige Wirkungen der Schuldenoperationen des Staates

a) Einige analytische Eigenschaften der kurzfristigen und der langfristigen Zustände im Modell

In der Diskussion um die Wirkungen einer Änderung der Staatsverschuldung kommt dem Zeithorizont, auf welchen sich die Analyse bezieht, eine erhebliche Bedeutung zu.[51] Im Kontext ist dies die Frage, ob eine schuldenfinanzierte Erhöhung der Staatsausgaben die privaten Investitionsausgaben nur vorübergehend oder dauerhaft steigert. Dies ist die Frage nach den kurzfristigen und den langfristigen Wirkungen einer Änderung der Staatsverschuldung.[52] Die Berücksichtigung des Zeithorizonts hat zumindest einen analytischen Wert: kurzfristige und langfristige Zustände können durch unterschiedliche Eigenschaften gekennzeichnet sein. Der Wert für die praktische Politik mag indes umstritten sein.[53] In Anbetracht des hohen Stellenwertes, den der Zeithorizont in der Analyse inzwischen erfahren hat, scheint es geboten,

[51] Für einen gedrängten Überblick über einige kurzfristige und langfristige Aspekte des crowding out siehe Walther (1979).

[52] Rein gedanklich ließe sich zwischen der kurzen und der langen Frist noch eine „mittlere" Frist konstruieren. Der analytische und empirische Wert dieser weiteren Komplikation mag freilich bestritten werden. Ohnehin ist die Diskussion über die zeitliche Dimension in crowding out-Analysen noch weit von einer Einigung entfernt, z. B. Dieckheuer spricht in diesem Zusammenhang von „unüberbrückbaren Differenzen"; vgl. Dieckheuer (1980) 127. An dieser Stelle sei Tobin gefolgt, der es für ausreichend hält, zwischen der kurzen und der langen Frist zu unterscheiden; vgl. Tobin (1979), insbes. 51 f., 61 - 71 und 84 ff. und Tobin, Buiter (1976).

[53] "... policymakers historically have shown little concern for the long run." Carlson, Spencer (1975) 14.

auch einige langfristige Aspekte des diskutierten Portfolioverhaltens und dessen Auswirkungen anzusprechen.

Was ist die „kurze“ Frist, was ist die „lange“ Frist, und wie unterscheiden sich beide voneinander? Es wäre wohl ein schwieriges Unterfangen, die beiden Fristen als irgendwelche diskretionäre Zeithorizonte auszudrücken wie etwa: 0 bis X Jahre gleich kurze Frist, von X Jahren aufwärts gleich lange Frist. Es erscheint zweckmäßiger, und dies ist wohl auch die üblichere Vorgehensweise, kurzfristige und langfristige Zustände der betrachteten Struktur oder des verwendeten Modells durch analytische Eigenschaften zu kennzeichnen. Ein Unterscheidungsmerkmal besteht darin, daß einige Größen des Systems, welche in der kurzen Frist als konstant oder exogen bestimmt angesehen werden dürfen, auf lange Sicht variabel sind oder endogen erklärt werden müssen. In dieser Hinsicht sollen nun einige Eigenschaften des in den vorangegangenen Abschnitten diskutierten Modells überprüft werden.

Das Modell bildet Entscheidungen der Privaten über die Zusammensetzung ihres Nettovermögens ab. Die Lösungen des Modells zeigen einen Gleichgewichtszustand, der sich dann einstellt, wenn die Märkte für die einzelnen Vermögensobjekte geräumt sind. In den bisher dargestellten Modell-Lösungen kann eine Zunahme der Staatsverschuldung die Anreize zu investieren erhöhen, sie kann sie aber auch verringern; es sind die Bedingungen separiert worden, welche gegeben sein müssen, damit eine von den beiden Wirkungsrichtungen eintritt. Dabei ist der physische Kapitalstock konstant gehalten worden, ebenso das Preisniveau und die Preissteigerungserwartungen. Wenn weder Anpassungen des Kapitalstocks noch des Preisniveaus zugelassen sind, ist der Zeithorizont begrenzt.

Analysen, welche zum Ergebnis haben, daß mit einer Zunahme der Staatsverschuldung gleich zwei nachteilige Folgen verbunden sind, nämlich Abnahme des Kapitalstocks und zunehmende Preissteigerungsraten, verweisen darauf, daß dies die dauerhaften Effekte seien, welche sich eben erst in einer hinreichend langen Frist — gleichsam als „overall“-Wirkungen — einstellten.[54] Um dieses Argument abzuschätzen, muß das verwendete Modell modifiziert werden. Es muß zugelassen werden, daß der Kapitalstock sich verändert, ferner sollte eine endogene Erklärung des Preisniveaus möglich sein.

Die bislang postulierte Konstanz des Preisniveaus begründet noch eine weitere Eigenschaft der Analyse, die nicht auf einen langfristigen Zeithorizont anwendbar ist. Das Modell ist in realen Größen geschrieben.

---

[54] Zum Beispiel Brunner, Meltzer (1976).

Durch die Annahme der Konstanz des Preisniveaus wird unterstellt, daß Zentralbank und Staat nicht nur die nominale Zentralbankgeldmenge und die nominale Menge an Staatsschuldtiteln bestimmen können, sondern auch die entsprechenden realen Mengen, und zwar dergestalt, daß mit höheren (niedrigeren) nominalen Mengen auch höhere (niedrigere) reale Mengen verbunden sind. Ebenso bedeutet die Annahme der Konstanz des Preisniveaus und der Preissteigerungserwartungen, daß nicht nur die nominalen Zinsen, sondern auch die realen Zinsen beweglich sind, wiederum dergestalt, daß mit höheren (niedrigeren) nominalen Zinsen auch höhere (niedrigere) reale Zinsen verbunden sind. Dies läuft darauf hinaus, daß Veränderungen der nominalen Zentralbankgeldmenge, der nominalen Staatsschuld und der Nominalzinsen schneller vor sich gehen als Anpassungen des Preisniveaus und der Preissteigerungserwartungen. Das ist eine wichtige Eigenschaft, welche zusammen mit der Annahme des fixen Kapitalstocks die Modell-Lösungen zu Abbildungen von Gleichgewichtszuständen macht, die sich auf die kurze Frist einstellen. Jenseits der kurzen Frist können aber die einzelnen Vermögensmärkte auch durch Anpassungen des Preisniveaus und der Preiserwartungen geräumt werden. Dies hat einmal zur Konsequenz, daß der eindeutige Zusammenhang zwischen nominalen und realen Größen des Systems verloren geht. Ferner gehört dann die reale Ertragsrate auf Geld, das ist die mit negativem Vorzeichen versehene Preissteigerungsrate[55], zu den endogenen Variablen des Modells.

Für eine Anwendung des Modells, die über die kurze Frist hinausgeht, ist noch ein weiteres Argument zu berücksichtigen. In einigen Arbeiten ist darauf hingewiesen worden, daß einige Aussagen über die Wirkungen der Fiskalpolitik, welche keynesianische Analysen auf der Basis des IS-LM-Apparates abgeleitet haben, zu falschen Schlußfolgerungen kommen, weil die Budgetbeschränkung des Staates außer acht gelassen werde.[56] Die Budgetbeschränkung oder -identität erfaßt den einfachen Tatbestand, daß jede Erhöhung der Staatsausgaben entweder durch höhere Steuereinnahmen oder durch Emmission verzinslicher Schuldtitel oder durch Geldschöpfung finanziert werden muß. Kurzfristige keynesianische Analysen, so der Einwand, betrachteten lediglich die Stromgrößenimpulse, welche von Variationen der Staatsausgaben und Steuereinnahmen ausgingen, vernachlässigten aber die finanziellen Wirkungen, welche mit einer Zunahme der verzinslichen Staatsverschuldung oder einer fiskalisch motivierten Geldschöpfung verbunden sein können. Insbesondere steht dahinter die Frage, ob eine Finanzie-

---

55 Es sei daran erinnert, daß als Voraussetzung in die Analyse einging, daß der Nominalzins auf Geld institutionell oder per Konvention auf Null fixiert ist.

56 Ott und Ott (1965), Christ (1967), Christ (1968), Silber (1970), Christ (1979).

rung zunehmender Staatsausgaben über höhere Steuern andere ökonomische Folgen hat als eine Finanzierung über einen Anstieg der (verzinslichen) Staatsverschuldung.

Aus diesem weiteren Problemkreis[57] ist an dieser Stelle ein bestimmter Aspekt von Bedeutung, nämlich die Frage, ob Staatsschuldtitel Bestandteil des Nettovermögens der Privaten sind. Es geht hierbei um die Relevanz eine Problems, welches mit „Ricardoscher Schuldillusion" umschrieben wird.[58] Wenn der Staat höhere Ausgaben nicht mittels Steuern, sondern mit Schulden finanziert, dann tritt — so die Vermutung — lediglich der Effekt ein, daß die Belastung der Privaten von der Gegenwart in die Zukunft verschoben wird. Irgendwann muß — endliche Lebensdauer für den Staat unterstellt — der Budget-Ausgleich hergestellt werden. Dazu muß der Staat zu irgendeinem Zeitpunkt in der Zukunft seine Schulden tilgen und bedarf dazu höherer Steuereinnahmen. „Rational" kalkulierende private Wirtschaftssubjekte werden die künftigen Steuerverpflichtungen auf die Gegenwart abdiskontieren und eine entsprechende Verbindlichkeit in ihre Bilanz einstellen. Oder äquivalent formuliert: Die Empfänger des Zinstransfers, das sind die Besitzer staatlicher Wertpapiere, betrachten ihre Forderungen gegen den Staat als ein Aktivum, die Zahler des Zinstransfers betrachten den Gegenwartswert ihrer künftigen Steuerverpflichtungen, die aus der Zinsbedienung der Staatsschuld resultieren, als ein Passivum.[59] Im privaten Sektor insgesamt heben sich Forderungen und Verbindlichkeiten gegenüber dem Staat auf, die verzinsliche Staatsschuld stellt dann keinen Bestandteil des Nettovermögens der Privaten dar. Wenn die Privaten dennoch ihre verzinslichen Forderungen als Vermögen betrachten, dann beruhe dies, so das Argument, darauf, daß sie ihre zukünftigen Steuerverpflichtungen aus der Zahlung des Zinstransfers außer acht lassen — die Schuldillusion.[60]

Wie ist unter diesem Gesichtspunkt das in den vorangegangenen Abschnitten verwendete Modell zu beurteilen, und was folgt für eine Anwendung der Analyse auf einen längeren Zeithorizont? Zunächst liegt auf der Hand, daß das Modell um die Budget-Identität des Staates

[57] Eingehende Analysen des Problems finden sich z. B. bei Gandenberger (1980), insbes. 28 ff. oder bei Zimmermann, Henke (1982) 107 ff.

[58] Vgl. hierzu Gandenberger (1972) 208 ff. und die dort dargestellte Diskussion. Der gleiche Sachverhalt liegt auch der Arbeit von Barro (1974) zugrunde.

[59] Vgl. Gandenberger (1972) 208.

[60] Ob „Illusion" der richtige Ausdruck ist, mag bezweifelt werden. Gandenberger führt auch rationale Gründe für ein asymmetrisches Verhalten der Empfänger und der Zahler des Zinstransfers an; vgl. Gandenberger (1972), insbes. 209 ff. Eine eingehende Kritik an der „Ricardo-Doktrin" findet sich auch bei Tobin (1979) 49 ff.

erweitert werden muß, um die Wirkungen alternativer Finanzierungsarten der Staatsausgaben abzugreifen. Weniger klar ist, welche Konsequenzen für die Behandlung der Vermögensvariablen gezogen werden sollten. Sind die Staatsschuldtitel kein Bestandteil des Nettovermögens der Privaten, weil der kapitalisierte Gegenwert künftiger Zinssteuerverpflichtungen als Passivum in die Portefeuilles der Privaten eingestellt wird, gibt es keinen ökonomischen Unterschied zwischen Schuldfinanzierung und Steuerfinanzierung der Staatsausgaben. Dann haben aber Schuldenoperationen des Staates keine Vermögenseffekte, es werden keine Anpassungen in den Portefeuilles der Privaten ausgelöst, es kommt weder zu einem finanziellen crowding in noch zu einem crowding out.[61]

So formuliert muß die Hypothese von der sofortigen und vollständigen Kapitalisierung von künftigen Zinssteuerverpflichtungen in der Sicht von crowding out-Studien unannehmbar sein. Gehen von Schuldenoperationen des Staates Vermögenseffekte aus, und die überwiegende Mehrzahl der bisher vorgelegten Publikationen belegt dies, dann müssen verzinsliche Staatsschuldtitel Bestandteil des Nettovermögens der Privaten sein. Die Behandlung der Vermögensvariablen in der Modellanwendung in den vorangegangenen Abschnitten dieser Arbeit ist mithin konsistent mit anderen vermögenstheoretischen crowding-out-Analysen.

Die Frage ist nun, ob ein Budget-Defizit auch langfristig Vermögenseffekte auslösen kann, und in welche Richtung die Wirkung geht. Schulden-„Illusionen", wenn es solche gibt, lassen sich, wie viele Illusionen, nicht auf Dauer aufrecht erhalten. Das Problem läßt sich analytisch wie folgt angehen. Angenommen, der Staat erhöht im Zeitpunkt x sein Budget-Defizit einmalig um einen bestimmten Betrag, finanziert die Erhöhung mittels einer Ausgabe verzinslicher Schuldtitel und behält danach das erhöhte Budget-Defizit ein für allemal bei. Dann ist zu prüfen, ob der langfristige Beharrungszustand des Systems ein anderer ist, als wenn im Zeitpunkt x das Budget-Defizit unverändert geblieben wäre.

Anhand dieses Kriteriums hat ein Budget-Defizit auch langfristig einen positiven Vermögenseffekt, wenn das Steueraufkommen dauerhaft höher ist als ohne ein Budget-Defizit im Ausgangszeitpunkt. Dann lassen sich Zinszahlungen auf Staatsschuldtitel aus einem erhöhten Steueraufkommen decken, zu dem es ohne eine Zunahme der Staatsverschuldung nicht gekommen wäre. Eine einmalige Erhöhung eines Buget-Defizits des Staates darf also keine Anpassungsvorgänge aus-

61 Vgl. Tobin (1979) 51.

lösen, die in Richtung einer permanenten Zunahme des Defizits wirken. Dies ist dann gewährleistet, wenn der Staat zur Zinsbedienung seiner Verschuldung nicht neue Defizite eingehen muß, sondern seine Zinszahlungen aus dem laufenden Steueraufkommen decken kann.[62] Eine entsprechende Bedingung muß in der Budget-Identität, um die das Modell für eine langfristige Anwendung zu ergänzen ist, berücksichtigt werden.

Um die langfristigen, also dauerhaften Wirkungen einer Änderung der Staatsverschuldung zu beschreiben, ist jener Zustand zu untersuchen, welcher eintritt, wenn alle relevanten Anpassungen und Portfolioumschichtungen zu Ende gegangen sind. Das ist jener Zustand, bei welchem keine exogenen Schocks mehr auftreten, er entspricht näherungsweise einem steady state-Gleichgewicht. Dieser Zustand ist analytisch durch einige Eigenschaften charakterisiert, die im folgenden aufgezählt werden sollen. Nach Abschluß der definitiven Anpassungsvorgänge besitzen die Privaten jene Vermögensobjekte, die sie bei den herrschenden Zinsen, Preisen und Einkommen nachzufragen wünschen. Erwartete und tatsächliche Größen stimmen überein. Im steady state sind die vorhandenen Kapazitäten ausgelastet, es gibt keine Schwankungen des Auslastungsgrads des Produktionspotentials. Das reale Volkseinkommen wächst mit der Rate des Produktionspotentials. Die Privaten haben sich daran gewöhnt, daß sie einen bestimmten Teil ihrer Ersparnisse in Form von Forderungen gegen den Staat halten und einen anderen Teil in Form von verbrieften Ansprüchen auf das Sachkapital. Ist die Sparquote konstant, wächst das Vermögen der Privaten mit der Rate des Produktionspotentials. Soll der Staat keine Anpassungsvorgänge bei den Privaten in der einen oder anderen Richtung erzeugen, wachsen sein Schuldenstand und sein Budgetdefizit, also die Zunahme des Schuldenstandes, ebenfalls mit der Rate des Produktionspotentials. Dies ist auch die Wachstumsrate des Kapitalstocks, wenn die Kapitalproduktivität konstant bleibt.

Die Anpassungen des Systems in Richtung zum steady state können verschieden sein, unter anderem auch in Reaktion auf die Entscheidungen des Staates über die Höhe seines Schuldenstandes und der Schuldenzuwächse. In der Analyse der langfristigen Wirkungen der Schuldenoperationen des Staates sind vor allem die Einflüsse auf zwei Größen des Systems von Interesse, nämlich die Wirkungen der Staatsverschuldung auf die Akkumulationsrate des Sachkapitalbestandes und auf das Preisniveau sowie dessen Veränderungen. Die Analyse muß es also zulassen, daß sich — im Gegensatz zur kurzfristigen Interpretation — der reale Kapitalstock und das Preisniveau verändern können.

---

[62] Vgl. Blinder, Solow (1973) und Tobin, Buiter (1976).

Dies hat zunächst die Konsequenz, daß der eindeutige Zusammenhang zwischen nominalen und realen Größen des Systems verloren geht. Es kann jetzt auch eine Anpassung des Preisniveaus das nominale Angebot an Finanztiteln mit der Nachfrage der Privaten nach real gewünschten Mengen an Finanzaktiva in Einklang bringen. Dann kann durchaus der Fall eintreten, daß eine Erhöhung des nominalen Angebots an Staatsschuldtiteln mit einer Abnahme des realen Bestandes solcher Titel und auch mit einem Rückgang des realen Anteils der Finanzaktiva in den Portefeuilles der Privaten verbunden ist. Es ist dann mehr Raum für die Aufnahme von Sachaktiva in die Portefeuilles vorhanden, die Kapitalkosten gehen zurück. In diesem Fall ist die Zunahme der Staatsverschuldung mit einer höheren Inflationsrate, aber auch mit einem crowding in verbunden.

Ein anderer Fall kann eintreten, wenn der Staat Budgetdefizite mit Steuererhöhungen abbaut. Dies macht die Zunahme der nominalen Staatsschuld kleiner, die deflationäre Wirkung der Steuererhöhungen kann aber dazu führen, daß die realen Bestände an Finanzaktiva größer werden und auch der reale Anteil der Finanzaktiva in den Portefeuilles der Privaten zunimmt. Es werden dann weniger Sachaktiva in die Portefeuilles aufgenommen, die Kapitalkosten steigen. Die Verringerung des Budgetdefizits ist dann mit einer niedrigeren Inflationsrate, aber auch mit einem crowding out verbunden. Neben den beiden erwähnten Fällen „mehr Inflation und crowding in" und „weniger Inflation und crowding out" ist rein logisch auch noch eine dritte Konsequenz von Schuldenoperationen des Staates denkbar, nämlich das häufig erwähnte „mehr Inflation und crowding out".

Um die möglichen längerfristigen Anpassungen systematisch darzustellen, kann ein Modell verwendet werden, das analog zum Ausgangsmodell aufgebaut ist, aber einige Modifikationen aufweist.[63]

b) Das Tobinsche Modell zur Analyse langfristiger Zustände

Es werden dieselben Vermögensobjekte in die Analyse einbezogen, also Zentralbankgeldmenge, zinstragende Staatsschuldtitel und das Sachkapital. Es muß aber zugelassen werden, daß die Bestände an diesen Objekten wachsen, ebenso das Gesamtvermögen und das Volkseinkommen. Preisniveau und Preissteigerungsraten sind variabel. Unterschiedliche Niveaus realer Mengen und realer Zinsen sind dann auch die Folge von Unterschieden im Preisniveau und in den Preissteigerungsraten.

---

63 Das Modell wurde von Tobin entwickelt; Tobin (1979) 66 ff.

Das Modell muß um eine Budget-Gleichung des Staates ergänzt werden, die zeigt, wie die Änderung der Staatsverschuldung zustande kommt. Das Modell enthält wiederum keinen Bankensektor, die Zentralbankgeldmenge kann deswegen nur zunehmen, wenn die Zentralbank bestehende Vermögensobjekte ankauft. Ein Erwerb von Sachkapital oder von verbrieften Ansprüchen auf Sachkapital durch die Zentralbank sei ausgeschlossen, Zentralbankgeld wird dann durch Monetisierung von Staatsschuldtiteln geschaffen (Offenmarktoperationen).

Die Monetisierung von Staatsschuldtiteln erspart dem Staat Zinskosten, da der Ertrag der Wertpapiere im Portefeuille der Zentralbank dem Staat über Gewinnausschüttung wieder zufließt. Bei der Formulierung der für den Staat relevanten Zinskosten und der für die Privaten relevanten Verzinsung ihrer gesamten Finanzaktiva ist deshalb zu berücksichtigen, welcher Teil der bestehenden Staatsschuld bzw. welcher Teil des Budgetdefizits monetisiert wird. Für Zentralbankgeld gelte wiederum, daß dessen Nominalzins auf Null fixiert ist, dessen Realzins ist daher die mit negativem Vorzeichen versehene Veränderungsrate des Preisniveaus. Zur analytischen Vereinfachung sei angenommen, daß die Staatsschuldtitel mit einem Zinskupon von 1 Geldeinheit pro Periode ausgestattet seien. Es sei p^* die Veränderungsrate des Preisniveaus, also die laufende Inflationsrate, die im steady state identisch mit der erwarteten ist. Die Nominalverzinsung eines Schuldtitels des Staates ist dann $r_S + p^*$, sein nominaler Marktwert ist $1/(r_S + p^*)$. Es sei α der Anteil des Budgetdefizits, der monetisiert, also durch Schaffung von Zentralbankgeld finanziert wird. Im steady state ist α konstant. Die Realverzinsung der durch Schuldenoperationen des Staates und durch Offenmarktoperationen der Zentralbank neu geschaffenen Finanzaktiva ist dann gleich der Realverzinsung der bereits existierenden Finanzaktiva. Der Realzins r_D der Finanzaktiva insgesamt ist ein gewogener Durchschnitt aus der Realverzinsung der Zentralbankgeldmenge, das ist die mit negativem Vorzeichen versehene Veränderungsrate des Preisniveaus, und dem Realzins auf Staatsschuldtitel; es gilt also:

$$r_D = - p^* \alpha + r_S (1 - \alpha)$$

Bei der Formulierung der Budget-Gleichung des Staates ist zu beachten, daß es dem Staat auf Dauer gesehen nicht möglich ist, ein Budget-Defizit mit der Besteuerung der Erträge der Finanzaktiva zu verringern. Wäre dem nämlich so, dann könnte der Staat sein Budget-Defizit durch vermehrte Ausgabe und Besteuerung seiner Schuldtitel verringern, im Extremfall sogar auf Null zurückführen. Es ist unplausibel, daß dies in der Realität der Fall sein könnte. Plausibel ist hingegen anzunehmen, daß im langfristigen Gleichgewicht die Höhe des Budget-Defizits nicht von der Besteuerung der Erträge der Finanzaktiva abhängt. Dies ist äquivalent zu der Annahme, daß im langfristigen Gleichgewicht die Zinszahlungen auf Staatsschuldtitel aus den laufenden Steuereinnahmen gedeckt werden können. Das entspricht einer der üblichen Anforderungen an Budget-Restriktionen in stabilen Systemen, derzufolge im Gleichgewicht die Zinszahlungen des Staates auf seine Schuldtitel nicht durch die Ausgabe von neuen Staatsschuldtiteln finanziert werden dürfen.[64] Entsprechend ist die Budget-Gleichung des Modells formuliert.

Es sei A das Symbol für die realen Staatsausgaben für die Käufe von Gütern und Dienstleistungen, und T stehe für die realen Steuereinnahmen, damit ist $A - T$ das Budget-Defizit ohne Zinszahlungen des Staates gerechnet. Im steady state wächst das Budget-Defizit mit der Rate des realen Volkseinkommens, die mit der Wachstumsrate des Produktionspotentials übereinstimmt, diese Rate sei mit g bezeichnet. Das Budget-Defizit wird mit Staatsschuldtiteln finanziert, von denen ein Teil monetisiert wird, um dem Bedarf an Zahlungsmitteln zu entsprechen. Die Budget-Gleichung ist dann:

$$A - T = g\left(\frac{M + S}{p}\right) - r_D\left(\frac{M + S}{p}\right)$$

Unter Benutzung der Schreibweise $a = A/Y$, $t = T/Y$ und $\frac{M + S}{p}/Y = d$ geht die Budget-Gleichung über in:

(43) $$a - t = (g - r_D)\, d$$

Da neben Geld und zinstragenden Staatsschuldtiteln auch verbriefte Ansprüche auf Sachkapital für die Aufnahme in die Portefeuilles der Privaten in Frage kommen, sind wieder die Markträumungen für drei Vermögensobjekte zu spezifizieren. Im steady state bleibt k, der Kakitalkoeffizient K/Y, konstant. Für die Spezifikation der Markträumungsbedingungen ist des weiteren zu beobachten, daß, zusammen mit der Budget-Restriktion (43),

$(1 - \alpha)\,\frac{a - t}{g - r_D}$ das Angebot an zinstragenden Staatsschuldtiteln und

$\alpha\,\frac{a - t}{g - r_D}$ das Angebot an Zentralbankgeld im steady state darstellen.

Da auch untersucht werden soll, wie sich eine Veränderung des Budget-Defizits durch Variationen des Steuersatzes auswirkt, ist in die

[64] Etwa Blinder - Solow (1973) oder Tobin - Buiter (1976).

Markträumungsbedingungen eine Ertragsrate „nach Steuer“ einbezogen. Weil aus den bereits genannten Gründen eine Veränderung des Budget-Defizits des Staates mittels Besteuerung der Erträge der Staatsschuldtitel dauerhaft nicht möglich ist, wird der Ertrag aus Sachanlagen einer Steuer unterworfen. Es sei angenommen, daß der Steuersatz ebenfalls $t = T/Y$ sei, die reale Rendite der Sachaktiva nach Steuern ist dann $r_K(1 - t)$.

Die Markträumungsbedingungen lassen sich nun schreiben als:

(44) $$k = f_K\,[r_K(1-t), -p^*, r_S]$$

(45) $$\alpha \frac{a-t}{g-r_D} = f_M\,[r_K(1-t), -p^*, r_S]$$

(46) $$(1-\alpha)\frac{a-t}{g-r_D} = f_S\,[r_K(1-t), -p^*, r_S]$$

Werden die Ausdrücke (44), (45) und (46) addiert, ergibt sich die Relation des Gesamtvermögens zum Einkommen:

(47) $$k + d = f\,[r_K(1-t), -p^*, r_S]$$

Für die Vorzeichen der partiellen Differentialquotienten in (44), (45) und (46) gelten dieselben Annahmen wie in (11). Es lassen sich nun die drei realen Ertragsraten r_K, $-p^*$ und r_S als endogene Größe des Systems erklären. Wie sie sich einstellen, hängt von den Dispositionen des Staates über die Höhe seiner Ausgaben und seiner Steuereinnahmen ab sowie von den Entscheidungen der Zentralbank über die Höhe der Zentralbankgeldmenge; exogene Variable sind also a, t und α.

Es werden unterschiedliche Konstellationen des steady state miteineinder verglichen, wie sie sich je nach Höhe der Politikparameter a und t und damit des Budget-Defizits einstellen. Ob ein crowding out oder ein crowding in eintritt, hängt von der Konstellation von k zu d ab. Ob sich eine höhere oder niedrigere Inflationsrate einstellt, kann an r_D abgelesen werden. Ein kleineres (höheres) r_D kann als ein Zustand höherer (niedrigerer) Inflationsraten interpretiert werden. Um die Fragestellungen zu beantworten, wird eine grafische Analyse gewählt.

In einer Grafik gemäß Schaubild 3 läßt sich Angebot und Nachfrage für zwei Vermögensobjeke darstellen. Es ist die Annahme gemacht, daß α konstant ist, es geht dann um die Frage, wie das Gesamtvermögen auf die beiden Objekte Sachaktiva und Finanzaktiva aufgeteilt wird. Die A_F-Kurve zeigt das Angebot an Finanzaktiva $\frac{a-t}{g-r_D}$ als Funktion des durchschnittlichen Zinssatzes r_D. Bei der Kurve handelt es sich um eine rechtwinklige Hyperbel mit der horizontalen Achse und der vertikalen Linie $r_D = g$ als Asymptoten. Die Kurve schneidet die Ordinate im Punkt $\frac{a - t}{g}$.

Die W-Gerade zeigt die Relation des Gesamtvermögens zum Volkseinkommen in Abhängigkeit vom durchschnittlichen Zinssatz. Die Gerade steigt etwas von links nach rechts, das heißt, die Vermögens-Einkommens-Relation wird als leicht zinselastisch angesehen. Der Aussagewert der beiden Kuven ist folgender. Je höher der Anteil der Finanzaktiva am Gesamtvermögen sein soll, desto höher muß der durchschnittliche Realzins sein. Höherer Anteil an Finanzaktiva bedeutet einen kleineren Anteil an Sachaktiva, mithin muß mit einer Bewegung auf der A_F-Kurve nach rechts eine Zunahme der Kapitalkosten verbunden sein. Ist der Gleichgewichtspunkt auf der A_F-Kurve bestimmt, dann ist auch die Aufteilung auf k und d bestimmt.

Die N_F-Kurven zeigen die Nachfrage der Privaten nach Finanzaktiva. Es ist plausibel anzunehmen, daß mit steigender realer Verzinsung die Nachfrage der Privaten nach Finanzaktiva zunimmt. Es sind zwei Typen von Nachfragekurven eingezeichnet:

(a) Eine Nachfragekurve mit flachem Verlauf. Hier ist die Nachfrage nach Finanzaktiva nicht sehr elastisch in bezug auf die Zinsen, für die Nachfrage nach Finanztiteln spielen auch andere Faktoren außer Zinsen und Renditedifferentiale eine wesentliche Rolle. Das ist der Fall, welchen üblicherweise die neo-keynesianische Analyse vor Augen hat.

(b) Eine Nachfragekurve mit steilem Verlauf. Hier ist die Nachfrage nach Finanzaktiva sehr zinselastisch, Zinsen und Renditedifferentiale spielen eine große Rolle für die Entscheidungen der Privaten über die Aufteilung ihres Vermögens. Das ist der Fall, welchen man grosso modo als monetaristisch bezeichnen kann.

Es hat analytische Konsequenzen, welche Steigung die Nachfragekurve aufweist. Bei vergleichsweise flachem Verlauf liegt bei einer Verschiebung der Nachfragekurve nach oben, wie zum Beispiel von N_F auf N_F', der neue Gleichgewichtspunkte E_2 nordöstlich vom ursprünglichen Gleichgewichtspunkt E_1. Bei vergleichsweise steilem Verlauf liegt bei einer Verschiebung der Nachfragekurve nach oben, wie zum Beispiel von N_F^* auf $N_F^{*\prime}$, der neue Gleichgewichtspunkt E_2^* südwestlich vom ursprünglichen Gleichgewichtspunkt E_1^*.

Schaubild 3

Bestimmung des Anteils von Finanzaktiva und Sachaktiva in den Portefeuilles

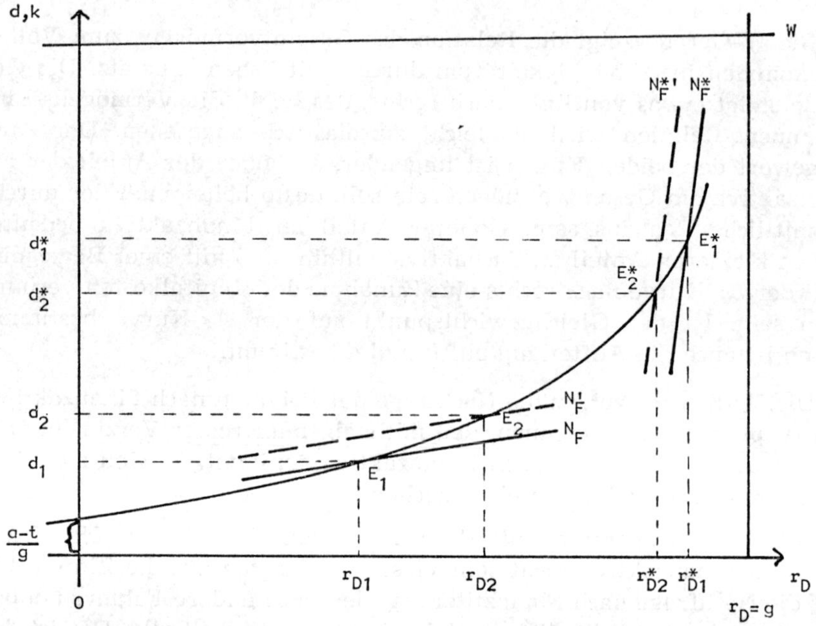

c) Einige Ergebnisse

Es sei nun angenommen, der Staat wolle im Vergleich zu einem bestimmten Ausgangszustand höhere Ausgaben tätigen. Zu diesem Zweck werden die Staatsausgaben einmalig im Niveau erhöht, vom höheren Niveaus aus wachsen sie dann wieder mit der Rate des Produktionspotentials. Es gibt zwei Möglichkeiten, die höheren Staatsausgaben zu finanzieren. Im 1. Fall werden sie mittels zusätzlicher Verschuldung finanziert; das Budget-Defizit in Relation zum Volkseinkommen $(a - t)$ erreicht ein höheres Niveau, die Privaten müssen mehr Staatsschuldtitel in ihre Portefeuilles aufnehmen. Im 2. Fall werden sie mittels einer Steuererhöhung finanziert und zwar so, daß $a - t$ unverändert bleibt. Was sind die Folgen für den Kapitalstock und das Preisniveau?

Es sei zunächst angenommen, daß in den relevanten Bereichen die N_F-Kurve flacher als die A_F-Kurve verlaufe. Die Folgen des 1. Falles sind im Schaubild 4 dargestellt. Das Ausgangsgleichgewicht habe sich bei E eingestellt. Nun werde das Budget-Defizit erhöht. Alle übrigen

Schaubild 4

Wirkungen einer Erhöhung des Budget-Defizits bei flacher N_F-Kurve

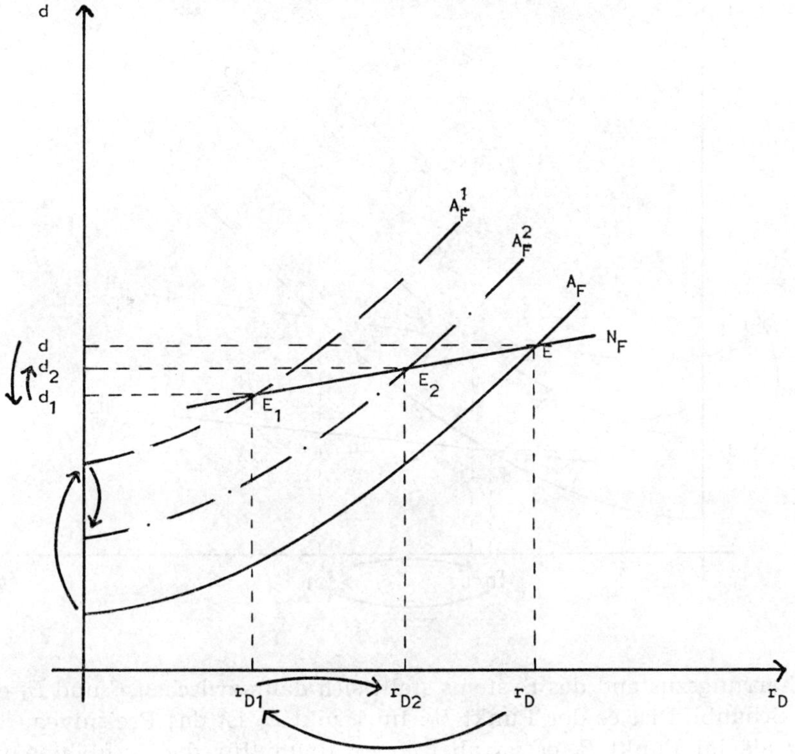

Umstände unverändert wird der Bruch $\frac{a-t}{g}$ größer, die A_F-Kurve verschiebt sich nach oben, etwa nach A_F^1. Der Punkt E_1 entspricht aber noch nicht dem langfristigen Beharrungszustand des Systems. Es ist $d_1 < d$; das bedeutet, das höhere nominale Angebot an Staatsschuldtiteln ist in einen kleineren Anteil der realen Finanzaktiva am realen Gesamtvermögen transformiert worden. Das Preisniveau muß sich entsprechend nach oben angepaßt haben. Es bleibt mehr Raum für die Aufnahme von Sachaktiva in den Portefeuilles, folglich gehen die Kapitalkosten zurück. Die Akkumulationsrate des Sachkapitals wird größer, das Produktionspotential und das reale Volkseinkommen wachsen mit einer höheren Rate. Wenn g größer wird, dann nimmt, alle übrigen Umstände unverändert, der Bruch $\frac{a-t}{g}$ wieder ab. Es erfolgt eine Rückanpassung der A_F-Kurve, etwa von A_F^1 auf A_F^2. Der langfristige

Schaubild 5

Wirkungen einer Finanzierung höherer Staatsausgaben durch Steuererhöhung bei flacher N_F-Kurve

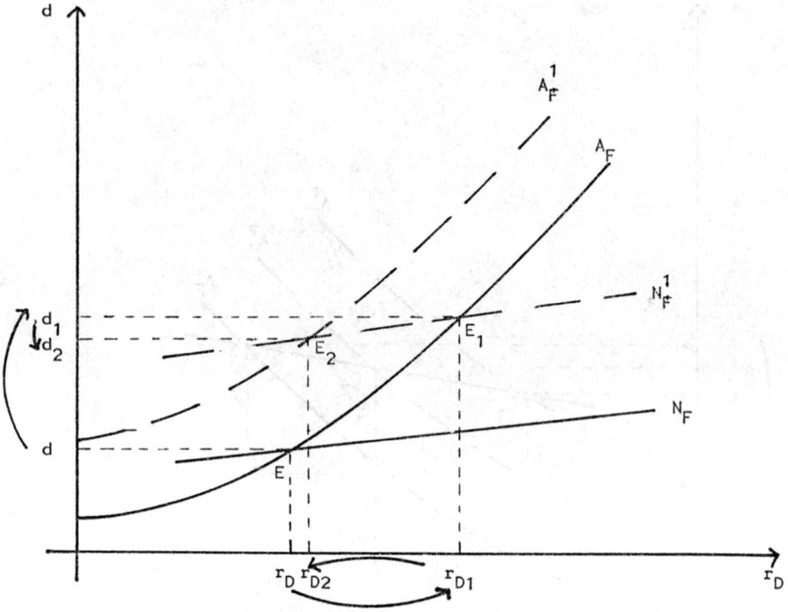

Beharrungszustand des Systems stellt sich dann zwischen E und E_1 ein, im Schaubild ist es der Punkt E_2. Im Punkt E_2 ist das Preisniveau höher als im Punkt E, es ist aber mehr Raum für die Aufnahme von Sachaktiva in den Portefeuilles der Privaten vorhanden. Die Finanzierung der höheren Staatsausgaben durch eine Zunahme der Staatsverschuldung hat also ein höheres Preisniveau als im Ausgangszustand zur Folge, das ist aber verbunden mit einer anregenden Wirkung der Staatsverschuldung auf die Investitionstätigkeit der Privaten.

Die Wirkungen einer Finanzierung höherer Staatsausgaben durch eine Anhebung der Steuern sind im Schaubild 5 dargestellt. Eine Erhöhung der Steuern auf die Erträge von Sachaktiva macht den Erwerb von Finanzaktiva relativ attraktiver, die N_F-Kurve verschiebt sich nach oben, etwa auf N_F^1. Im neuen Schnittpunkt E_1 ist der Anteil der realen Finanzaktiva am realen Gesamtvermögen höher als im Ausgangszustand. Das Preisniveau muß sich entsprechend nach unten angepaßt haben, das ist im Einklang mit einer deflationären Wirkung von Steuererhöhungen. Es bleibt weniger Raum für die Aufnahme von Sachaktiva in den Portefeuilles der Privaten, die Kapitalkosten werden

Schaubild 6

Wirkungen einer Erhöhung des Budget-Defizits bei steiler N_F-Kurve

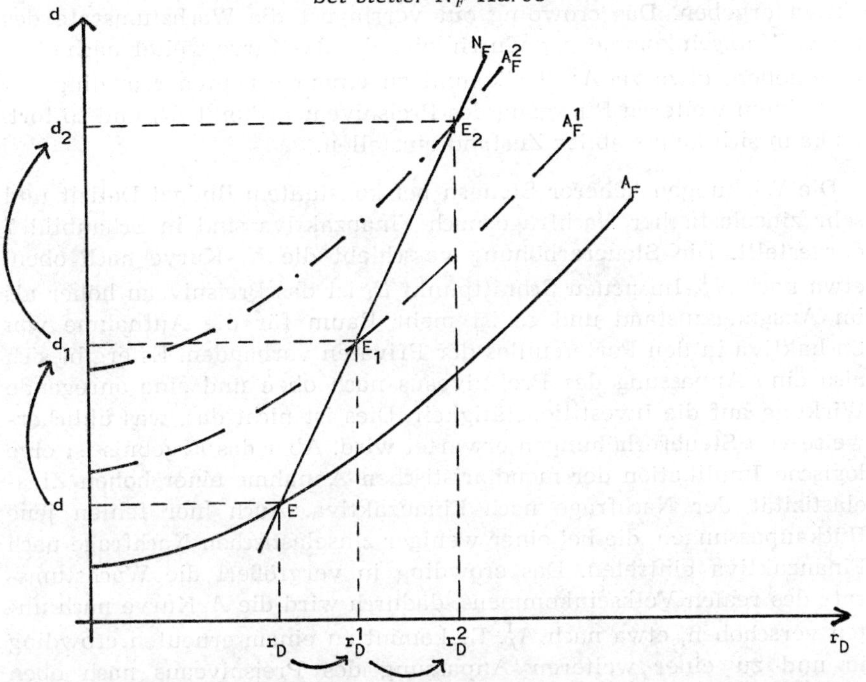

größer. Die Wachstumsrate des Volkseinkommens nimmt ab, dadurch verschiebt sich die A_F-Kurve nach oben, etwa auf A_F^1. Es kommt zu einer Rückanpassung und der langfristige Beharrungszustand stellt sich etwa bei E_2 ein. Dieser Zustand ist dadurch gekennzeichnet, daß das Preisniveau niedriger ist als im Ausgangszustand. Dafür sind aber, bedingt durch die Steuerfinanzierung der höheren Staatsausgaben, die privaten Investoren verdrängt worden, es kam zum crowding out.

Ergebnisse, die ökonomisch schwerer interpretierbar sind, ergeben sich bei einer vergleichsweise hohen Zinselastizität der Nachfrage nach Finanzaktiva. Schaubild 6 behandelt den Fall einer Erhöhung des Budget-Defizits bei steilem Verlauf der N_F-Kurve. Das höhere Budget-Defizit verschiebt die A_F-Kurve wieder nach oben, der neue Schnittpunkt mit der N_F-Kurve ist bei E_1. Im Zustand E_1 ist der Anteil der realen Finanzaktiva am realen Gesamtvermögen höher als im Ausgangszustand. Es findet also ein crowding out statt, es muß aber das Preisniveau niedriger sein als im Ausgangszustand. Diesen Preisniveaueffekt werden weder Keynesianer noch Monetaristen einem höheren Budget-Defizit zuschreiben wollen. Des weiteren fehlen Rückanpassungen, wie sie sich bei weniger zinselastischer Nachfrage nach Finanzaktiva ergeben. Das crowding out verringert die Wachstumsrate des realen Volkseinkommens, dadurch wird die A_F-Kurve weiter nach oben verschoben, etwa zu A_F^2. Es kommt zu einem erneuten crowding out und einem weiteren Rückgang des Preisniveaus (Punkt E_2) und so fort. Es kann sich kein stabiler Zustand einstellen.

Die Wirkungen höherer Steuern bei konstantem Budget-Defizit und sehr zinselastischer Nachfrage nach Finanzaktiva sind in Schaubild 7 dargestellt. Die Steuererhöhung verschiebt die N_F-Kurve nach oben, etwa nach N_F^1. Im neuen Schnittpunkt E_1 ist das Preisniveau höher als im Ausgangszustand und es ist mehr Raum für die Aufnahme von Sachaktiva in den Portefeuilles der Privaten vorhanden. Es ergibt sich also eine Anpassung des Preisniveaus nach oben und eine anregende Wirkung auf die Investitionstätigkeit .Dies ist nicht das, was üblicherweise von Steuererhöhungen erwartet wird. Aber das Ergebnis ist eine logische Implikation der monetaristischen Annahme einer hohen Zinselastizität der Nachfrage nach Finanzaktiva. Auch hier fehlen jene Rückanpassungen, die bei einer weniger zinselastischen Nachfrage nach Finanzaktiva eintreten. Das crowding in vergrößert die Wachstumsrate des realen Volkseinkommens, dadurch wird die A_FKurve nach unten verschoben, etwa nach A_F^1. Es kommt zu einem erneuten crowding in und zu einer weiteren Anpassung des Preisniveaus nach oben (Punkt E_2) und so fort. Wiederum kann sich kein stabiler Zustand einstellen.

Weitreichende Schlußfolgerungen dürfen aus der Analyse nicht gezogen werden. Das Modell ist begrenzt und unter den langfristigen Beharrungszuständen, die miteinander verglichen worden sind, könnten auch instabile Zustände sein. Immerhin lassen sich aber doch einige Anhaltspunkte für die langfristigen Wirkungen von Schuldenoperationen des Staates gewinnen. Als Folge einer einmaligen Zunahme des Budget-Defizits relativ zum Volkseinkommen kann ein crowding out entstehen, es kann auch das Preisniveau nach oben gedrückt werden. Daß aber Schuldenoperationen des Staates beides gemeinsam bewirken, Entmutigung der privaten Investoren und Preisauftrieb, ist wenig wahrscheinlich.

Solange die Vermögensanleger Finanzaktiva in ihren Portefeuilles zu halten wünschen, ist irgendwann ein Preisniveau erreicht, bei dem das nominale Angebot an Finanzaktiva in die vom Publikum gewünschte reale Menge transformiert ist. Dann gehen von der Staatsverschuldung keine Wirkungen mehr auf das Preisniveau aus. Daß Schulden-

Schaubild 7

Wirkungen einer Finanzierung höherer Staatsausgaben durch Steuererhöhung bei steiler N_F-Kurve

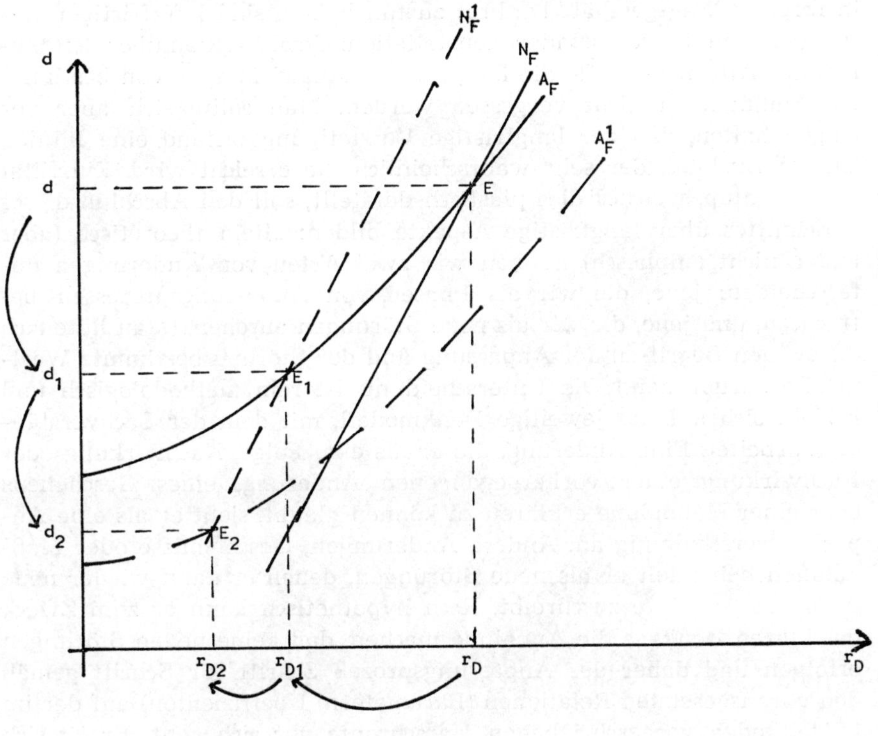

operationen des Staates für eine Inflationsspirale verantwortlich sein könnten, ist höchst unwahrscheinlich. Für den Einfluß der Staatsverschuldung auf die Investitionstätigkeit der Privaten kommt es auch darauf an, wie Anpassungen des Preisniveaus vor sich gehen. Hier spielt die Notenbank eine wichtige Rolle. Insoweit sie das Preisniveau beeinflußt, entscheidet sie mit darüber, in welchem Ausmaß und in welcher Zeit das nominale Angebot an zinstragenden Staatsschuldtiteln in die vom Publikum gewünschte reale Menge transformiert wird. Dadurch wird gleichzeitig mit darüber befunden, wieviel Raum in welcher Zeit für die Aufnahme von Sachaktiva in den Portefeuilles der Privaten geschaffen wird.

Die Notenbank bestimmt mit über die Wirkung der Staatsverschuldung. Betreibt der Staat eine expansive Schuldenpolitik und handhabt hingegen die Notenbank die Zentralbankgeldversorgung restriktiv, dann tritt ein crowding out auf, das nicht mehr allein dem Staat zugerechnet werden darf — es sei denn, es ließe sich objektiv feststellen, daß Stand und Zunahme der Staatsverschuldung „zu hoch“ sind.

Die Probleme, mit denen es die Notenbanken und die Finanzpolitiker in ihrem Alltagsgeschäft konkret zu tun haben, sind kurzfristiger Natur, von ständig wechselnder Konstellation. Gewiß sollten über den Mühen des Alltagsgeschäfts die langfristigen Auswirkungen von bestimmten Maßnahmen nicht vergessen werden. Man sollte sich aber vor Augen halten, daß der langfristige Verstetigungszustand eine Fiktion ist, ein Zustand, der sehr wahrscheinlich nie erreicht wird. Ein Zitat von Machlup, welches dies plastisch darstellt, soll den Abschluß dieses Abschnittes über langfristige Aspekte bilden: „Rein theoretisch (aber leider nicht empirisch) können wir zwei Arten von Änderungen unterscheiden: jene, die wir als Phasen von Anpassungsprozessen betrachten, und jene, die wir als neue Störungen ansehen. (Man hüte sich davor, den Begriffen der Anpassung und der Störung bestimmte Werturteile zuzuordnen.) Die Unterscheidung ist rein methodologisch und bezieht sich auf das jeweilige Denkmodell, mit dem der Sachverständige arbeitet. Eine Änderung, die er als eine Folge, Nachwirkung oder Rückwirkung einer vorhergegangenen Änderung, eines Geschehens oder einer Maßnahme erklären zu können glaubt, sieht er als eine Anpassungserscheinung an. Andere Änderungen, Geschehnisse oder Maßnahmen behandelt er als neue Störungen, denen er dann wieder neue Anpassungsabläufe zuschreibt. Rein hypothetisch kann er zum Zweck des klaren Denkens die Annahme machen, daß keine neuen Störungen erfolgen und daher der Anpassungsprozeß Schritt für Schritt gemäß den vorausgesetzten Relationen (Parametern, Koeffizienten) auf der im Modellkodex vorgeschriebenen Marschroute vor sich geht. Er ist sich natürlich darüber im klaren, daß diese Hypothese niemals der Wirklichkeit entspricht: Die Wirklichkeit tut ihm nicht den Gefallen, jahrelang keine neuen Geschehnisse und Maßnahmen anzudienen. Und so werden die neuen Störungen und die Anpassungen an die alten Störungen in wüstem Durcheinander fast tagtäglich den Beobachter vor neue Situationen stellen.“[65]

---

[65] Machlup (1974) 15.

TEIL III

Empirische Untersuchungen

1. Die empirischen Implikationen der Analyse

Die theoretische Analyse hat sich vor allem mit zwei Fragen befaßt. Die erste war, welche Wirkungen auf das Zinsniveau mit einer Änderung der Staatsverschuldung verbunden sind; die zweite war, wie eine Änderung der Staatsverschuldung die Bedingungen für die Investitionstätigkeit der Privaten beeinflußt. Anhand eines Modells, welches mit unterschiedlichen Annahmen ausgestattet werden kann, ist dargelegt worden, daß die monetären Wirkungen einer Änderung der Staatsverschuldung nicht bereits im vornhinein eindeutig feststehen. Eine Zunahme der Staatsverschuldung kann private Investitionen verdrängen, sie kann aber ebenso gut auch die Bedingungen der Investitionstätigkeit der Privaten verbessern. Eine Zunahme der Staatsverschuldung kann zu Zinserhöhungen bei den Finanzaktiva führen, sie kann aber auch mit einem Zinssenkungsprozeß verbunden sein.

Es ist ein Kriterium verwendet worden, das anzeigt, in welcher Richtung eine Änderung der Angebotsmengen der Finanzaktiva — die Summe aus Zentralbankgeld und staatlichen Wertpapieren — die privaten Investitionen beeinflußt. Die Wirkungsrichtung läßt sich an den Kapitalkosten ablesen, also an jenem Zinssatz, mit dem die Unternehmen ihre Passiva bedienen oder, da begründeter Anlaß für die Vermutung besteht, daß die Realertragsrate des Sachkapitals Änderungen unterworfen ist, am relativen Abstand zwischen Realertragsrate und Kapitalkosten, repräsentiert durch das Tobinsche q.

Die Richtung der Wirkung einer Änderung der Zentralbankgeldmenge auf Realzinsen, Kapitalkosten und q ist immer eindeutig, jene der Staatsverschuldung nur unter bestimmten Annahmen über das Verhältnis einzelner Vermögensobjekte zueinander. Daß die Wirkungsrichtung der monetären Politik eindeutig ist, liegt nicht daran, daß „Geld" ein Stoff mit besonders ausgezeichneten Eigenschaften ist. Eine solche Voraussetzung ist in die Analyse nicht eingegangen. Es ist lediglich die Annahme gemacht worden, daß Zentralbankgeld sich von staatlichen Wertpapieren dadurch unterscheidet, daß sich die Ertragsrate auf Zentralbankgeld nicht marktmäßig bildet, sondern hoheitlich festgelegt wird — im allgemeinen zahlen die Zentralbanken keinen Zins auf ihre Sichtverbindlichkeiten —, während die Verzinsung der Staatsschuldtitel marktmäßigen Einflüssen unterliegt. Dadurch muß bei Änderungen der Zentralbankgeldmenge die Anpassungslast voll und ganz von den Ertragsraten der anderen Vermögensobjekte getragen werden. Bei Änderungen des Angebots zinstragender Staatsschuldtitel verläuft ein Teil der Anpassung über Reaktionen der eigenen Ertragsrate und ein Teil über Anpassungen der Kapitalkosten. Dies ist der einzige Unterschied zwischen Zentralbankgeld und staatlichen Wertpapieren. Ansonsten hat die Analyse nicht die Annahme benötigt, es müsse ein scharfer Trennungsstrich zwischen Geld und Nichtgeld-Finanzaktiva gezogen werden können.

Wie die relevanten Anpassungsvorgänge konkret ablaufen, hängt von der Zinselastizität der Nachfrage nach Zentralbankgeld, vom Verhältnis der Finanzaktiva zu den Sachaktiva und von der Realertragsrate des Sachkapitals ab. Bei der Analyse ist zwischen zwei Fällen unterschieden worden, nämlich dem monetaristischen (neo-quantitätstheoretischen) Fall und dem neo-keynesianischen (liquiditätstheoretischen) Fall.

Im *monetaristischen* Fall stehen Geld und Wertpapiere in einem mehr oder weniger komplementären Verhältnis zueinander, die Zinselastizität der Geldnachfrage ist deswegen verhältnismäßig gering. Wertpapiere und Sachkapital hingegen sind gute Substitute zueinander. Eine Zunahme der Staatsverschuldung wirkt auf jeden Fall zinserhöhend (es sei denn, sie wird monetisiert); Substitutionsvorgänge bewirken, daß sich die Ertragsrate der Sachaktiva an jene der Finanzaktiva anpaßt. Dies geht in komparativer Statik nur, wenn der Sachkapitalbestand abgebaut wird, es kommt zum crowding out. Die Frage nach den Wirkungen einer Änderung der Realertragsrate des Sachkapitals ist ohne analytischen Wert.

Im *neo-keynesianischen* Fall sind Geld und Wertpapiere gute Substitute, die Zinselastizität der Geldnachfrage ist deswegen verhältnismäßig groß. Wertpapiere und Sachkapital stehen in einem eher komplementären Verhältnis zueinander, das Renditedifferential zwischen den beiden Vermögensobjekten kann schwanken. Eine Zunahme der Staatsverschuldung kann zu einer (freilich nur mäßigen) Zinserhöhung bei den Staatsschuldtiteln führen, dennoch kann dies unter den Bedingungen des crowding in stattfinden. In diesem Fall wird das Renditedifferential kleiner. Die Frage nach den Wirkungen einer Änderung der Realertragsrate des Sachkapitals ist von analytischer und empirischer Relevanz. Eine Abnahme der Realertragsrate kann dazu führen, daß selbst ein stark steigendes Angebot an Staatsschuldtiteln zu sinkenden Zinsen aufgenommen wird, weil die Privaten einen Preis dafür zu bezahlen bereit sind, daß die Hereinnahme von Finanzaktiva einen Teil der Risiken der Sachaktiva kompensiert.

Die empirische Überprüfung der Analyse hat mehrere Bestandteile. Zunächst sollten die Realertragsrate des Sachkapitals, die Kapitalkosten und damit Tobins *q* quantifiziert werden können. Diese Größen sind nicht direkt beobachtbar. Es wird der Vorschlag eines Meßkonzepts gemacht, welches es erlaubt, die drei Größen wenigstens näherungsweise zu quantifizieren. Ob die Quantifizierung eine gute Annäherung an die Wirklichkeit darstellt, kann, zumindest in gewissen Grenzen, überprüft werden. Die Analyse im 4. Abschnitt des Teils II und die verfügbaren Informationen über die wirtschaftliche Entwicklung in Deutschland haben zu bestimmten Schlußfolgerungen für den Verlauf der einzelnen Größen geführt. Diese Verlaufsmuster müssen sich in den Zahlen für die Größen wiederfinden.

Ein weiterer Test für die Güte der Quantifizierung stellt der empirisch beobachtbare Zusammenhang zwischen *q* und der pivaten Investitionstätigkeit dar. Ist die Analyse empirisch gehaltvoll und stellt das gemessene *q* eine gute Annäherung an die Wirklichkeit dar, dann muß sich eine statistisch gesicherte Korrelation zwischen Änderungen von *q* und nachfolgenden Schwankungen der Investitionstätigkeit feststellen lassen.

Weitere Tests beziehen sich auf die Erklärung von Schwankungen des Realzinsniveaus. Kurzfristig, das heißt im zyklischen Ablauf, muß sich ein deutlicher Einfluß der monetären Politik und der Staatsschuldenpolitik auf die Realzinsen der staatlichen Wertpapiere und die Kapitalkosten feststellen lassen. Die Analyse legt aber nahe, daß langfristig, das heißt über den Zyklus hinweg, die Realertragsrate des Sachkapitals den entscheidenden Bestimmungsgrund für das Realzinsniveau darstellt, unabhängig von den monetären Faktoren. Auch dies ist eine Frage, welche sich empirisch klären läßt. Schließlich muß auch noch ein besonderes Augenmerk auf das Verhalten des Renditedifferentials zwischen Kapitalkosten und Realzinsen auf Staatsschuldtitel gerichtet werden.

2. Quantifizierung der Realertragsrate, der Kapitalkosten und des Tobinschen q mit deutschem Zahlenmaterial

a) Das Meßkonzept

Um die zentralen Eigenschaften des untersuchten Modells empirisch zu überprüfen, müssen Zahlenangaben für die einbezogenen Variablen verfügbar sein. Sinnvolle Größenordnungen für die relevanten Begriffe der Zentralbankgeldmenge, der Menge der zinstragenden Staatsschuldtitel und den Realzins auf Finanzaktiva lassen sich aufgrund der Beschaffenheit der amtlichen Statistik verhältnismäßig leicht gewinnen. Anders ist es mit der Realertragsrate des Sachkapitals, den Kapitalkosten und damit des Tobinschen q. Es darf kaum angenommen werden, daß irgendeine der in der amtlichen Statistik ausgewiesenen Zeitreihen eine zufriedenstellende Annäherung an diese Variablen bietet. Mithin bleibt nur eine indirekte Beobachtung übrig. Im folgenden wird ein entsprechendes Meßkonzept beschrieben. Die Darstellung beschränkt sich auf die Grundzüge des Meßkonzepts. Es ist an anderer Stelle ausführlich beschrieben worden.[1] Wie alle synthetischen Meßkonzepte hat auch dieses seine kritischen Punkte, es ist gegenüber Einwänden nicht gefeit. Es läßt sich aber eine Reihe von Anhaltspunkten für die Tauglichkeit der Annäherung finden.

Grundlage des Meßkonzepts bilden die Formulierungen wie in den Ausdrücken (1) - (3). Die Realertragsrate wird bestimmt als das Verhältnis eines Ertragsstroms, welchen das Sachkapital liefert, zu einem Sachkapitalbestand, welcher zu Wiederbeschaffungspreisen bewertet ist. Nun müssen noch zwei weitere Größen quantifiziert werden, nämlich die Marktbewertung des Sachkapitals relativ zu den Wiederbeschaffungspreisen und die Kapitalkosten. Ist eine von den beiden Größen bestimmt, dann ist es auch die andere — so entspricht es der Logik des Rechenkonzepts. Sind nämlich R und q ermittelt, ergibt sich r_K aus der Division von R durch q, sind R und r_K ermittelt, ergibt sich q aus der Division von R durch r_K.

Grundlage der Quantifizierung bilden die Zahlenangaben des Statistischen Bundesamtes über die Bilanzen und Erfolgsrechnungen aller Aktiengesellschaften in der Bundesrepublik.[2] Der Ertragsstrom des in in den Aktiengesellschaften verkörperten Sachkapitals ist bestimmt als Summe aus Jahresüberschuß plus Steuern vom Gewinn plus gezahlte Zinsen (auch diese müssen ja vom Sachkapital verdient werden). Von dieser Summe werden die zu Wiederbeschaffungspreisen bewerteten Abschreibungen abgesetzt. Die Bewertung zu Wiederbeschaffungspreisen berücksichtigt den Kapitalverzehr aus Abschreibungen. Als Resultat der genannten Rechenoperationen ergibt sich eine Annäherung an den Ertragsstrom, welchen das Sachkapital der Aktiengesellschaften abwirft.

Das Statistische Bundesamt weist die Sachanlagen der Aktiengesellschaften zu Buchwerten aus. Die Buchwerte müssen auf Wiederbeschaf-

---

[1] Ketterer, Vollmer (1981).

[2] Statistisches Bundesamt (1954 - 1980). Es handelt sich um die Tabellen „Bilanzen von Aktiengesellschaften" in den jeweiligen Statistischen Jahrbüchern.

fungspreise umgerechnet werden. Zur Umrechnung wird die Relation von Anlagevermögen zu Wiederbeschaffungspreisen zu Anlagevermögen zu Anschaffungspreisen verwendet, wie sie aus der Fachserie 18, Volkswirtschaftliche Gesamtrechnungen, Reihe 1, Konten und Standardtabellen, 1977 und 1978 des Statistischen Bundesamtes entnommen werden kann. Für weit zurückliegende Werte wurden Angaben von Lützel[3] verwendet. Zu den Sachanlagen der Aktiengesellschaften zu Wiederbeschaffungspreisen bewertet werden die Vorräte addiert. Das ergibt eine Annäherung an das Sachkapital zu Wiederbeschaffungspreisen. Wird der Ertragsstrom auf dieses Sachkapital bezogen (in vH), ergibt sich diejenige Größe, welche als Quantifizierung der Realertragsrate angesehen werden kann.

Nunmehr wird q bestimmt. Dazu muß die Marktbewertung des in den Aktiengesellschaften eingesetzten Kapitals (Eigen- und Fremdkapital) in Relation zum Sachkapital zu Wiederbeschaffungspreisen gesetzt werden. Die Marktbewertung der Kapitalansprüche wird wie folgt ermittelt. Die ausgewiesenen Dividendenzahlungen werden mit der Aktienrendite kapitalisiert, hieraus ergibt sich der Marktwert des eingesetzten Eigenkapitals. Dazu werden die ausgewiesenen Fremdmittel addiert. Die Summe aus beiden Werten ergibt die zum Sachanlagenerwerb eingesetzten Passiva. Die Fremdmittel gehen dabei zu Buchwerten in die Berechnung ein. Es sind keine Zahlenangaben über die Fremdmittelbedienung erhältlich, damit besteht keine zuverlässige Möglichkeit, den Marktwert der Fremdmittel durch Kapitalisierung zu ermitteln. Aber unabhängig davon, ob die Fremdmittel zu Buchwerten oder zu Marktwerten eingehen, gewährleistet ihre Einbeziehung, daß die Finanzierungsstruktur und Leverage-Effekte auf die empirisch ermittelten Kapitalkosten einwirken können.

Wird die Marktbewertung des eingesetzten Kapitals in Relation zum Sachkapital zu Wiederbeschaffungspreisen gesetzt, ergibt sich eine Annäherung an das q. Wird die Realertragsrate durch q dividiert, erhält man eine Annäherung an die Kapitalkosten.

b) Der Verlauf der ermittelten Größen

Die so ermittelten Zahlen für die Realertragsrate, die Kapitalkosten und Tobins q sind in der Tabelle 4 zusammengestellt. Eine grafische Darstellung findet sich in Schaubild 8. Zunächst ist ersichtlich, daß der Verlauf der Reihen in etwa so ist, wie es die theoretische Ableitung im 4. Abschnitt des Teils II nahegelegt hat. Die Realertragsrate zeigt über den gesamten Zeitraum (1953 - 1977) eine trendmäßige Abnahme,

[3] Lützel (1972).

Tabelle 4

Realertragsrate des Sachkapitals, Kapitalkosten und Realzins

Jahr	Realertragsrate (R)	Kapitalkosten (r_K)	Realzins (r_S)	Renditedifferential ($r_K - r_S$)	$q = \frac{R}{r_K}$
1953	8,8	8,7	.	.	1,01
1954	9,7	8,2	.	.	1,17
1955	13,1	11,8	4,4	7,4	1,11
1956	10,2	9,9	3,7	6,2	1,03
1957	10,6	10,5	4,8	5,7	1,01
1958	9,8	7,4	4,4	3,0	1,33
1959	12,6	6,8	4,6	2,2	1,87
1960	12,9	6,2	4,8	1,4	2,08
1961	10,6	6,0	3,5	2,5	1,77
1962	9,6	7,1	3,0	4,1	1,34
1963	9,2	6,7	3,1	3,6	1,37
1964	9,9	6,9	3,8	3,1	1,43
1965	9,0	7,7	3,4	3,3	1,18
1966	8,8	8,1	4,1	4,0	1,09
1967	8,6	6,6	5,3	1,3	1,30
1968	11,0	6,8	5,0	1,8	1,61
1969	11,5	6,1	5,0	1,1	1,87
1970	10,4	8,4	4,6	3,8	1,25
1971	7,4	6,4	2,8	3,6	1,15
1972	6,9	5,5	2,6	2,9	1,25
1973	7,7	6,3	2,4	3,9	1,22
1974	6,5	6,2	3,4	2,8	1,06
1975	5,8	5,0	2,5	2,5	1,17
1976	7,5	5,7	3,3	2,4	1,31
1977	6,7	5,5	2,3	3,2	1,23
1978	7,3	5,6	3,3	2,3	1,30
1979	7,9	6,5	3,5	3,0	1,21
1980	6,2	5,7	3,1	2,6	1,08

Quellen und Berechnung siehe Teil III, Abschn. 2.a.

die von zyklischen Ausschlägen überlagert wird. Die Kapitalkosten zeigen das theoretisch zu erwartende Verhalten. Sie bewegen sich in den 50er Jahren nur knapp unterhalb der Realertragsrate, in den 60er Jahren gingen sie kräftig zurück, in den 70er Jahren rückten sie wieder näher an die inzwischen aber kräftig gedrückte Realertragsrate heran. Das Tobinsche q zeigt ein Verlaufsmuster, das einem „M“ entspricht, mit einem Ende in den 50er und dem anderen Ende in den 70er Jahren. Die trendmäßige Abnahme in der Realertragsrate findet sich im Tobinschen q nicht wieder. Die theoretische Analyse im 4. Abschnitt des Teil II hat dargelegt, warum der Zusammenhang zwischen R und q im Trend anders sein kann als im Zyklus.

Schaubild 8

Realertragsrate des Sachkapitals, Kapitalkosten und Tobin's q aus den Bilanzen der Aktiengesellschaften

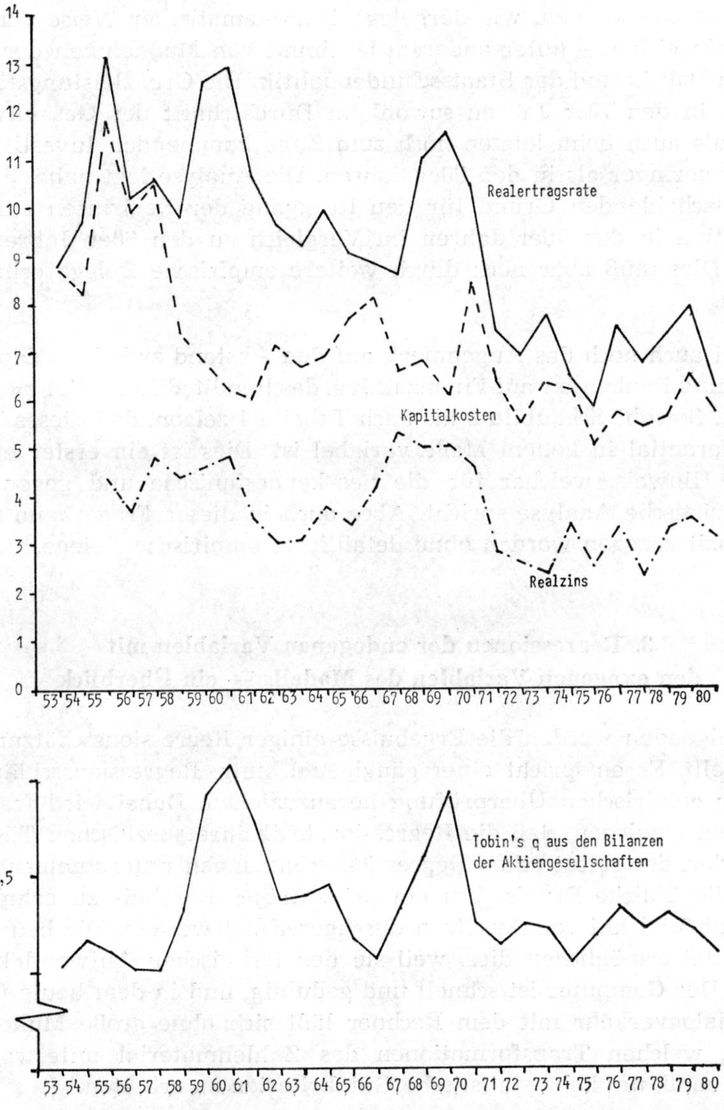

Der theoretischen Ableitung folgend ist die quantifizierte Realertragsrate eine Annäherung an die Grenzleistungsfähigkeit des Kapitals im Durchschnitt der Gesamtwirtschaft. Die Kapitalkosten stellen eine, mutmaßlich sehr grobe, Annäherung an die Grenzleistungsfähigkeit des letzten, jeweils noch zum Zuge kommenden Investitionsprojekts dar. Beide Größen können, wie dargelegt, in systematischer Weise voneinander abweichen— unter anderem bestimmt von Maßnahmen der monetären Politik und der Staatsschuldenpolitik. Die Grenzleistungsfähigkeit ist in den 70er Jahren sowohl im Durchschnitt der Gesamtwirtschaft als auch beim letzten noch zum Zuge kommenden Investitionsprojekt geringer als in den 60er Jahren. Die Analyse legt nahe, hierin den entscheidenden Grund für den Rückgang der Realzinsen auf Finanzaktiva in den 70er Jahren im Vergleich zu den 60er Jahren zu sehen. Dies muß aber noch durch weitere empirische Belege erhärtet werden.

Es sei auch noch das Augenmerk auf den Abstand zwischen Kapitalkosten und Realzinsen auf Finanzaktiva, das Renditedifferential $r_K - r_S$, gelenkt. Sowohl Schaubild 8 als auch Tabelle 4 zeigen, daß dieses Renditedifferential in hohem Maße variabel ist. Dies ist ein erster empirischer Hinweis, welcher für die neo-keynesianische und gegen die monetaristische Analyse spricht. Aber auch in dieser Frage kann noch kein Fazit gezogen werden ohne detaillierte empirische Belege.

3. Regressionen der endogenen Variablen mit den exogenen Variablen des Modells — ein Überblick

Im folgenden werden die Ergebnisse einiger Regressionsschätzungen vorgestellt. Es entspricht einer gängigen Übung, Regressionsschätzungen zur empirischen Überprüfung heranzuziehen. Dabei wird freilich gerne verschwiegen, daß die Regressionslogik ihre spezifischen Tücken hat. Jeder, der selbst schon Regressionsschätzungen unternommen hat, kennt die übliche Praxis. Um ein präsentables Ergebnis zu erhalten, muß eine Vielzahl von Ansätzen durchgerechnet werden. Die heutigen Hilfsmittel ermöglichen dies, weil sie den technischen Aufwand klein halten. Der Computer ist schnell und geduldig, und in dem heute üblichen Dialogverkehr mit dem Rechner läßt sich ohne große Mühe ermitteln, welchen Transformationen das Zahlenmaterial unterworfen werden muß, um hohe statistische Gütekriterien zu erhalten.[4]

---

[4] Für einige Beispiele, wie empfindlich die statistische Sicherung auf minimale und ökonomisch gesehen bedeutungslose Transformationen des Zahlenmaterials reagiert siehe Ketterer (1975) 85 ff.

Dies ist nicht als Kritik an ökonometrischen Verfahren oder statistischen Auswertungsmethoden zu verstehen. Es sollte lediglich ein Hinweis darauf sein, die Ergebnisse von Regressionsschätzungen mit einiger Distanz zu bewerten. Hohe statistische Gütekriterien begründen nicht zwingend einen sehr weitgehenden Anspruch.

Es sei noch eine weitere Vorbemerkung gestattet. Unter den im folgenden vorgelegten Regressionsschätzungen befinden sich einige, die keine hohe statistische Sicherung aufweisen, die Gründe dafür werden dargelegt. Es ist versucht worden, für solche Ansätze den statistischen Zusammenhang mittels des Spearmanschen Rangkorrelationskoeffizienten zu überprüfen. Die Ergebnisse waren aber nicht sehr ermutigend. Die Zeitreihe für die Staatsverschuldung weist in den 70er Jahren eine Niveauverschiebung auf (hierzu weiter hinten). Dadurch ändern sich die Rangplätze für die entsprechenden Jahre grundlegend, der Rangkorrelationskoeffizient wird sehr niedrig. Auch eine Unterteilung in Unterperioden brachte bei der Ermittlung des Spearmanschen Rangkorrelationskoeffizienten keine bessere Sicherung als die Regressionsschätzungen. Es wurde deshalb darauf verzichtet, über die ermittelten Rangkorrelationskoeffizienten zu berichten.

Einige Anhaltspunkte über die Wirkungsrichtung, also das Vorzeichen, der in der theoretischen Analyse untersuchten Abläufe in der Realität lassen sich gewinnen, wenn man einfache Regressionen der drei endogenen Variablen r_K, r_S und q mit den drei exogenen Variablen M, S und R ermittelt. Die theoretische Analyse hat für die Wirkungsrichtung folgende Vorzeichen nahegelegt (+ positiver Zusammenhang, − negativer Zusammenhang):

	M	S bei crowding in	S bei crowding out	R
r_K	−	−	+	+
r_S	−	+	+	+
q	+	+	−	?

Die Vorzeichen in den beiden Spalten der S-Variablen entsprechen den zwei untersuchten Fällen, die kategorial als neo-keynesianischer Fall (crowding in) und als monetaristischer Fall (crowding out) bezeichnet worden sind. Die Vorzeichen in der Spalte der R-Variablen entsprechen der längerfristigen Interpretation des Modells, in welcher die Realertragsrate eine Obergrenze sowohl für die Kapitalkosten als auch die Realzinsen auf Staatsschuldtitel bildet.

a) Abgrenzungen der verwendeten Variablen

Für die in Tabelle 5 zusammengestellten Regressionen wurden die Variablen in den folgenden Abgrenzungen benutzt. Die Realertragsrate R, die Kapitalkosten r_K und Tobins q entsprechen den in Tabelle 4 enthaltenen Größen. Die Realzinsen auf Finanzaktiva entsprechen jener Zeitreihe, welche in Tabelle 3 als „Realer Kapitalmarktzins" bezeichnet worden ist; es ist also die Umlaufsrendite inländischer Rentenwerte abzüglich der Veränderungsrate im Vorjahresvergleich des Preisindex für die Lebenshaltung.

Für die Quantifizierung der Staatsschuldvariablen wurde folgendes Vorgehen gewählt. Anpassungen der Kapitalkosten, der Realzinsen und der Marktbewertung des Sachkapitals an Veränderungen der Staatsverschuldung können nur von solchen Schuldenoperationen des Staates erwartet werden, welche die Kredit- und Kapitalmärkte berühren — das ist die Nettokreditaufnahme des Staates. Im Jahre 1960 — dem Anfangszeitpunkt der Regressionsrechnungen — war der Schuldenstand der Gebietskörperschaften insgesamt um knapp das Vierfache größer als die kumulierte Nettokreditaufnahme seit der Währungsreform (die Gründe hierfür sind in Teil I dargelegt worden). Es wäre deswegen wenig sinnvoll, in die Regressionen den absoluten Schuldenstand des Staates eingehen zu lassen. Vielmehr bietet es sich an, als exogene Variable jene Größe einzuführen, mit welcher der Staat tatsächlich die Kredit- und Kapitalmärkte beansprucht hat. Das ist jene Zunahme der Staatsverschuldung, welche aus der Aufnahme von Kreditmarktmitteln stammt, also die Nettokreditaufnahme. Dabei ist einzubeziehen, daß in einer wachsenden Wirtschaft das Nettovermögen der Privaten laufend zunimmt, damit kann auch der Staat seine Nettokreditaufnahme von Periode zu Periode steigern. Es empfiehlt sich deswegen eine „Normierung" der Nettokreditaufnahme des Staates. Diese kann über das Produktionspotential der Wirtschaft vorgenommen werden. Ein solches Verfahren ist hier gewählt worden. Die *S-Variable* ist mithin bestimmt als Nettokreditaufnahme des Staates in vH des Produktionspotentials. Die Nettokreditaufnahme entspricht jener Zeitreihe, welche in Tabelle 2 dargestellt ist. Für das Produktionspotential wurden die Zahlenangaben des Sachverständigenrats übernommen. Was für die Staatsverschuldung gilt, sollte sinngemäß auch für die Zentralbankgeldmenge herangezogen werden. Die Zentralbankgeldmenge wird in der Abgrenzung der Bundesbank verwendet; es handelt sich also um die Zentralbankgeldmenge zu konstanten Reservesätzen (Basis: Januar 1974). Die M-Variable ist mithin bestimmt als Zunahme der Zentralbankgeldmenge pro Periode in vH des Produktionspotentials.

b) Ergebnisse

Die Ergebnisse der Einfach-Regressionen der endogenen Variablen mit den exogenen Variablen sind in der folgenden Tabelle 5 zusammengestellt. Für die Regressionen wird die übliche Schreibweise verwendet. Unterhalb der Regressionskoeffizienten stehen in Klammern die t-Werte. R^2 kennzeichnet das Bestimmtheitsmaß, und $D.W.$ steht für den Durbin-Watson-Koeffizienten. Der Beobachtungszeitraum ist 1960 - 1977. Den Rechnungen liegen Jahreswerte zugrunde. Die Regressionen wurden jeweils mit und ohne Absolutglied gerechnet. In den Fällen, in denen das Absolutglied nicht signifikant von Null verschieden war oder die gesamte statistische Sicherung bei einer Schätzung mit Absolutglied unbefriedigend war, ist die Schätzung ohne Absolutglied angeführt. Bei den Schätzungen mit Absolutglied (1. und 2. Spalte der 1. Zeile und 1. Spalte der 2. Zeile) kennzeichnet der 1. Term das Absolutglied und der 2. Term den Regressionskoeffizienten der endogenen Variablen bezüglich der exogenen Variablen.

Es werden bewußt nur Einfachregressionen vorgestellt, um die Symmetrie zur Vorzeichenabschätzung in (28) in Verbindung mit (11) zu wahren. Die Analyse hat gezeigt, daß auf die endogenen Variablen des Systems mehrere exogene Größen einwirken. Die Regressionsansätze sind also unvollständig spezifiziert, wenn jeweils nur eine einzige erklärende Variable herangezogen wird. Die zyklischen Veränderungen in den endogenen Größen werden somit durch die exogenen Variablen nur teilweise erklärt, dadurch weisen die empirischen Residuen ein zyklisches Moment auf. Dies schlägt sich in niedrigen Durbin-Watson-Werten nieder. Dieser Nachteil der unvollständigen Spezifikation ist bewußt in Kauf genommen worden, da es lediglich darum geht, Anhaltspunkte für die empirisch ermittelbaren Vorzeichen zu erhalten. Die folgende Kommentierung der Vorzeichen nimmt Bezug auf die Schlußfolgerungen, welche in der theoretischen Analyse mit der Richtung der Vorzeichen verbunden waren.

Es seien nun die Ergebnisse im einzelnen betrachtet, und zwar zunächst spaltenweise. Die Regressionskoeffizienten der Zentralbankgeldmenge weisen das theoretisch zu erwartende Vorzeichen auf: Sie sind negativ bezüglich der Kapitalkosten und der Realzinsen, das Vorzeichen ist positiv in bezug auf q. Eine Zunahme der Zentralbankgeldmenge

Tabelle 5: **Regressionen der endogenen Variablen mit den exogenen Variablen des Modells**

	Geld *M*	Staatsschuldtitel *S*	Realertragsrate *R*
Kapitalkosten r_K	8,253 — 1,943 (15,145) (— 3,207) $R^2 = 0{,}407$ D.W. = 1,607	7,046 — 0,250 (26,201) (— 2,377) $R^2 = 0{,}261$ D.W. = 1,680	0,714 (20,042) $R^2 = 0{,}959$ D.W. = 0,825
Realzins r_S	4,586 — 1,160 (8,488) (— 2,062) $R^2 = 0{,}200$ D.W. = 0,913	0,891 (4,068) $R^2 = 0{,}466$ D.W. = 0,237	0,405 (23,400) $R^2 = 0{,}970$ D.W. = 1,024
Tobins *q*	1,394 (10,168) $R^2 = 0{,}866$ D.W. = 0,591	0,364 (3,667) $R^2 = 0{,}442$ D.W. = 0,246	0,153 (34,716) $R^2 = 0{,}986$ D.W. = 1,329

(korrekter: eine Zunahme, die über dasjenige Maß hinausgeht, welches im Durchschnitt des Beobachtungszeitraums zum Produktionspotential „paßte"), senkt die Kapitalkosten sowie die Realzinsen auf Staatsschuldtitel und erhöht die Marktbewertung des Sachkapitals relativ zu den Reproduktionskosten. Eine Zunahme (Abnahme) der Zentralbankgeldmenge wirkt also eindeutig monetär expansiv (kontraktiv). Dabei ist zu beachten, daß der Effekt auf die Kapitalkosten eindeutiger und kräftiger ist als auf die Realzinsen. Der Regressionskoeffizient der Zentralbankgeldmenge bezüglich der Kapitalkosten ist fast doppelt so groß wie jener bezüglich der Realzinsen. Die statistische Sicherung der Regression der Kapitalkosten mit der Zentralbankgeldmenge ist wesentlich höher als bei der Regression der Realzinsen mit der Zentralbankgeldmenge.

Daß die Anpassung an Veränderungen der Zentralbankgeldmenge bei den Kapitalkosten kräftiger ausfällt als bei den Realzinsen auf Finanzaktiva, steht im Einklang mit der neo-keynesianischen Analyse. Diese betont ja, daß bei Veränderungen der Zentralbankgeldmenge es primär der Markt für Sachaktiva ist, der sich anpassen muß. Da im Hinblick auf den Schutz gegenüber Risiken des Haltens einzelner Vermögensobjekte Zentralbankgeld und zinstragende Finanzaktiva in etwa dieselben Dienste leisten und damit in einem substitutiven Verhältnis stehen, erhöhen die Privaten vor allem ihre Nachfrage nach Sachaktiva, wenn sie mehr Zentralbankgeld halten sollen. Die Regressionsschätzungen stehen im Einklang mit diesem Portfolioverhalten.

Nicht ganz so einfach zu interpretieren sind die Regressionsschätzungen mit der Staatsschuldvariablen als exogene Größe. Zunächst fällt auf, daß der Regressionskoeffizient der Kapitalkosten bezüglich der Staatsschuldvariablen ein negatives Vorzeichen und jener des Tobinschen q ein positives Vorzeichen aufweist. Eine Zunahme der Staatsverschuldung (korrekter: eine Zunahme, die über dasjenige Maß hinausgeht, welches im Durchschnitt des Beobachtungszeitraums zum Produktionspotential „paßte") senkt die Kapitalkosten und erhöht die Marktbewertung des Sachkapitals relativ zu den Reproduktionskosten. Eine Zunahme (Abnahme) der Staatsverschuldung wirkt also monetär expansiv (kontraktiv). Das ist der Fall des crowding in.

Dazu paßt auch das Verhalten des Renditedifferentials $r_K - r_S$. Eine Zunahme der Staatsverschuldung erhöht zwar für sich genommen die Realzinsen auf Staatsschuldtitel — das Vorzeichen des Regressionskoeffizienten der Realzinsen bezüglich der Staatsschuldvariablen ist positiv. Dennoch ist damit eine anregende Wirkung auf die Sachkapitalnachfrage verbunden, ausgewiesen durch den Rückgang der Kapitalkosten. Das Renditedifferential $r_K - r_S$ öffnet und schließt sich in systematischer Reaktion auf Änderungen der Staatsverschuldung. Eine Zunahme (Abnahme) der Staatsverschuldung verringert (vergrößert) das Renditedifferential. Auch das ist im Einklang mit der neo-keynesianischen Analyse. Es handelt sich um denselben Effekt, der auch bei Veränderungen der Zentralbankgeldmenge auftritt. Eine Zunahme (Abnahme) der Angebotsmenge eines Finanzaktivums erzeugt Anpassungen auf den Märkten für Sachaktiva in Richtung sinkender (steigender) Kapitalkosten. Ein Unterschied in der Anpassungslast ergibt sich lediglich durch die Art der Verzinsung der Finanzaktiva. Bei den Staatsschuldtiteln handelt es sich um Finanzaktiva, die verzinst werden; ein Teil der Anpassung an Veränderungen der Menge an Staatsschuldtiteln kann deswegen durch eine Bewegung der eigenen Ertragsrate getragen werden. Anders ist es bei der Zentralbankgeldmenge, deren nominale Eigenertragsrate durch Gesetz oder Konvention bei Null fixiert ist. Seinen empirischen Niederschlag findet dies darin, daß der Regressionskoeffizient der Kapitalkosten-Variablen bezüglich der Staatsverschuldung wesentlich kleiner ist als jener bezüglich der Zentralbankgeldmenge. (Da sowohl die Nettokreditaufnahme des Staates als auch die Zunahme der Zentralbankgeldmenge über das Produktionspotential „normiert" sind, dürfen die Regressionskoeffizienten miteinander verglichen werden.)

Den Regressionsschätzungen zufolge hat im Beobachtungszeitraum eine Zunahme der Staatsverschuldung zu einer Senkung der Kapitalkosten beigetragen, sie hat damit anregend auf die private Investitionstätigkeit gewirkt. Dies bedeutet, daß die Zunahme der Staatsverschuldung im Beobachtungszeitraum unter den Bedingungen des crowding in vor sich ging. Es wären freilich Vorbehalte geboten, wenn man dieses Ergebnis kategorial werten wollte, etwa in dem Sinne, daß jede beliebige Zunahme der Staatsverschuldung zu jedem beliebigen Zeitpunkt günstig für die private Investitionstätigkeit sei. Es ist zu beachten, daß im Beobachtungszeitraum von 18 Jahren nur 5 Jahre mit einer nennenswerten Nettokreditaufnahme des Staates zu verzeichnen waren. Das sind die Jahre 1967 und 1968 sowie 1975 bis 1977. Dadurch bedingt ist die Hypothese noch keinem allzu harten Test ausgesetzt, denn es ist zu berücksichtigen, daß in den erwähnten 5 Jahren auch die monetäre Politik darauf ausgerichtet war, die Bedingungen der Investitionstätigkeit der Privaten zu verbessern. Aber trotz dieser Einräumung, die gemacht werden muß, ist es von nicht zu vernachlässigendem empirischem und analytischem Interesse, daß — gemessen an der Entwicklung der Kapitalkosten — die monetären Wirkungen einer Änderung der Staatsverschuldung im Beobachtungszeitraum in dieselbe Richtung gingen, wie die von der Notenbank intendierte Politik. Auch dies steht im Einklang mit der neo-keynesianischen Sicht des Portfolioverhaltens der Privaten.

Der Einfluß der Realertragsrate auf die endogenen Variablen ist statistisch gut gesichert. Dies belegt die analytische und empirische Relevanz der Frage nach den monetären Wirkungen einer Änderung der Ertragslage im Sachkapitalbereich. In den Regressionen der Kapitalkosten und der Realzinsen mit der Realertragsrate haben die Regressionskoeffizienten ein positives Vorzeichen. Das entspricht jener Interpretation des Modells, welche eine realwirtschaftliche Erklärung der Realzinsen auf Finanzanlagen, damit auch auf Staatsschuldtitel impliziert. Die Korrelation zwischen q und R ist ebenfalls positiv und statistisch sehr hoch gesichert. Dieses Ergebnis war theoretisch nicht eindeutig zu erwarten (aber auch nicht abzulehnen). Die Korrelation hat hier wohl sehr stark auf die gleichläufigen zyklischen Veränderungen von R und q angesprochen.

4. q und Investitionstätigkeit der Privaten

Der Investitionskalkül der Privaten gemäß dem Tobinschen q-Konzept ist von zentraler analytischer Bedeutung für das Modell und die abgeleiteten Schlußfolgerungen. Es muß nachgewiesen werden können, daß die Kapitalkosten die entscheidende monetäre Variable für die private Investitionstätigkeit darstellen. Genauer: Da sich die Realertragsrate als variabel erwiesen hat, muß der relative Abstand zwischen Realertragsrate und Kapitalkosten — repräsentiert durch q — von signifikantem Einfluß auf die Investitionsentscheidungen sein. Der Erklärungswert von q für die Investitionstätigkeit muß sich als größer erweisen als jener von Nominalzinsen und Realzinsen auf Finanzaktiva.

Bei der empirischen Überprüfung des Zusammenhangs ist zu beachten, daß — der Logik des Modells entsprechend — Änderungen von q Anpassungen des Kapitalbestandes zur Folge haben sollten. Zu erklären sind also Schwankungen einer Bestandsgröße und nicht einer Stromgröße. Als zu erklärende Größe kommen also nicht etwa Netto-Investitionsausgaben pro Periode in Betracht. Vielmehr ist eine Größe zu bilden, welche Schwankungen in der Ausweitung des Kapitalstocks anzeigt, also die Netto-Investitionen pro Periode bezogen auf den Kapitalstock am Ende der Vorperiode. Die entsprechende Reihe wurde wie folgt konstruiert. Als Ausgangsgröße wurde der Bestand des Netto-Anlagevermögens des Unternehmenssektors für das Jahr 1970 gewählt, wie er vom Statistischen Bundesamt ausgewiesen wird (Fachserie 18, Volkswirtschaftliche Gesamtrechnungen, Reihe 1: Konten und Standardtabellen 1978). Diese Bestandsgröße wurde mit den jährlichen Netto-Anlageinvestitionen der Unternehmen bis zum Jahr 1977 fortgeschrieben und entsprechend bis zum Jahre 1960 zurückgerechnet. Für die

Netto-Anlageinvestitionen wurden Zahlenangaben des DIW verwendet. Die Netto-Anlageinvestitionen wurden mit dem Preisindex der Anlageinvestitionen deflationiert. So ergibt sich eine Reihe für den realen (also preisbereinigten) Sachkapitalbestand des Unternehmenssektors. Die Veränderung des realen Sachkapitalbestandes pro Jahr ($\triangle K$) in vH des Bestandes am Ende des Vorjahres (K) ist damit die zu erklärende Größe. Es wurden Regressionen dieser Größe mit q, mit den Nominalzinsen auf Staatsschuldtitel (r'_S) und den Realzinsen (r_S) durchgerechnet. Um der Möglichkeit Rechnung zu tragen, daß Einflüsse unter Umständen mit zeitlicher Verzögerung auftreten können, wurden neben den unverzögerten Ansätzen auch zwei einfache Versionen eines time lags verwendet. Einmal wurde die erklärende Variable mit einer Periode Verzögerung eingeführt (gekennzeichnet durch eine tiefgestelle -1), des weiteren wurde ein einfacher verteilter Lag in Form eines Koycklag durchgerechnet. Die Regressionen erbrachten folgende Ergebnisse (Beobachtungszeitraum wiederum 1960 - 1977), t-Werte in Klammern unterhalb der Regressionskoeffizienten

(R1)	$\Delta K/K =$	$4{,}430\ q$	$R^2 = 0{,}934$
		$(15{,}497)$	D.W. $= 0{,}569$
(R2)	$\Delta K/K =$	$4{,}164\ q_{-1}$	$R^2 = 0{,}954$
		$(18{,}832)$	D.W. $= 0{,}394$
(R3)	$\Delta K/K =$	$1{,}066\ q + 0{,}710\ (\Delta K/K)_{-1}$	$R^2 = 0{,}985$
		$(2{,}335)\quad (7{,}558)$	D.W. $= 1{,}696$
(R4)	$\Delta K/K =$	$12{,}101 - 0{,}849\ r'_S$	$R^2 = 0{,}256$
		$(4{,}753)\quad (-2{,}490)$	D.W. $= 0{,}498$
(R5)	$\Delta K/K =$	$13{,}085 - 1{,}018\ (r'_S)_{-1}$	$R^2 = 0{,}505$
		$(7{,}166)\quad (-4{,}161)$	D.W. $= 0{,}369$
(R6)	$\Delta K/K =$	$3{,}564 - 0{,}295\ r'_S + 0{,}714\ (\Delta K/K)_{-1}$	$R^2 = 0{,}837$
		$(2{,}448)\quad (-1{,}884)\quad (7{,}705)$	D.W. $= 1{,}884$
(R7)	$\Delta K/K =$	$3{,}358 + 0{,}691\ r_S$	$R^2 = 0{,}086$
		$(1{,}706)\quad (1{,}304)$	D.W. $= 0{,}313$
(R8)	$\Delta K/K =$	$2{,}504 + 0{,}857\ (r_S)_{-1}$	$R^2 = 0{,}182$
		$(1{,}525)\quad (1{,}945)$	D.W. $= 0{,}421$
(R9)	$\Delta K/K =$	$0{,}346 + 0{,}202\ r_S + 0{,}766\ (\Delta K/K)_{-1}$	$R^2 = 0{,}810$
		$(0{,}355)\quad (0{,}876)\quad (8{,}126)$	D.W. $= 1{,}761$

Die Regressionsansätze mit den Nominalzinsen (R4) bis (R6) und den Realzinsen (R7) bis (R9) als erklärende Variable bieten ein etwas überraschendes Bild. Der Einfluß der Nominalzins-Variablen auf Veränderungen des realen Kapitalstocks ist in (R4) und (R5) gesichert, der Regressionskoeffizient hat das theoretisch zu erwartende Vorzeichen, nämlich ein Minus. Die Ansätze mit den Realzinsen als erklärende Variable weisen eine sehr schlechte statistische Sicherung aus. Das Vorzeichen des Regressionskoeffizienten der Realzins-Variablen ist sogar positiv. Dieses positive Vorzeichen blieb auch in einigen anderen (hier nicht dargestellten) Regressionsansätzen erhalten, darunter auch Regressionen mit hoher statistischer Sicherung. Wörtlich interpretiert würde dies bedeuten, daß eine Erhöhung der Nominalzinsen ungünstig auf die private Investitionstätigkeit wirkt, während eine Erhöhung der Realzinsen einen positiven Einfluß hat.

Zur kurzfristigen Interpretation des Modells paßt dies nicht. Die kurze Frist ist, neben anderen Eigenschaften, dadurch gekennzeichnet, daß Anpassungen der Nominalzinsen rascher ablaufen als Anpassungen des Preisniveaus und der Preissteigerungserwartungen. Nominalzinsen und Realzinsen bewegen sich in dieselbe Richtung. Auf längere Sicht macht sich der realwirtschaftliche Einfluß auf die Realzinsen bemerkbar. Es kann durchaus zu empirischen Tatbeständen kommen, die rein äußerlich die Wirkung von Bewegungen der Nominalzinsen anders aussehen lassen als die Wirkungen von Änderungen der Realzinsen.

Eine empirische Deutung, die in Einklang mit der wirtschaftlichen Entwicklung in Deutschland ist, bietet sich wie folgt an. In den 70er Jahren war die Realertragsrate stark gedrückt im Vergleich zu den 60er Jahren. Dies war der äußere Ausdruck der Gewinnkompression. Die Folge war unter anderem das Nachlassen der Investitionstätigkeit. Die niedrigere Realertragsrate hat auch die Realzinsen der Finanzaktiva auf ein tieferes Niveau geführt. Dies hat sich bei Nominalzinsen abgespielt, die in den Jahren 1970 - 1976 höher waren als jemals zuvor seit 1955. Es ergab sich also folgende Konstellation. Die Zuwachsraten des Kapitalstocks waren in den 70er Jahren niedriger als in den 60er Jahren, die Nominalzinsen waren in den 70ern höher als in den 60ern, die Realzinsen hingegen waren in den 70er Jahren — bedingt durch die gedrückte Realertragsrate — niedriger als in den 60ern. Das ist die Konstellation, die in den Regressionen der Nominalzinsvariablen zum negativen Vorzeichen verhilft und der Realzinsvariablen das positive Vorzeichen aufzwingt, ohne daß daraus geschlossen werden darf, daß hohe Nominalzinsen ungünstig, hohe Realzinsen hingegen günstig für die private Investitionstätigkeit seien.

Einen plausiblen Zusammenhang ergeben die Regressionen der Veränderungen des realen Kapitalstocks mit dem Tobinschen *q*. Gemessen an den t-Werten und dem Bestimmtheitsmaß R^2 weisen diese Regressionen die mit Abstand höchste statistische Sicherung auf. Der Durbin-Watson-Koeffizient in (R1) und (R2) ist sehr niedrig; dies deutet darauf hin, daß noch weitere erklärende Variable fehlen. Aber das war im vorhinein zu erwarten. Bei dem einfachen Zusammenhang kann es sich selbstverständlich um keine vollständig spezifizierte Investitionsfunktion handeln. Der Regressionsansatz (R3) mit einem Koyck-Lag hat einen sehr günstigen Durbin-Watson-Koeffizienten, die empirischen Residuen weisen hier keine Autokorrelation mehr auf. Indes sollte dieses Ergebnis nicht überbewertet werden. Es weist darauf hin, daß in der Tat Wirkungsverzögerungen auftreten. Im übrigen wird aber durch die Einführung des einfachen verteilten Lags lediglich die statistische Sicherung verbessert, ohne daß auch der ökonomische Erklärungswert der Gleichung zunimmt.

Als Fazit bleibt festzuhalten, daß bei der Bestimmung von Schwankungen der privaten Investitionstätigkeit der Größe q ein hoher statistischer Erklärungsgehalt zukommt. Er ist höher als jener von Nominalzinsen oder Realzinsen auf Finanzaktiva. Dies steht im Einklang mit der theoretischen Analyse, derzufolge die Kapitalkosten die zentrale finanzielle Variable für die Investitionsentscheidungen darstellen oder, bei Schwankungen der Realertragsrate, der relative Abstand zwischen Realertragsrate und Kapitalkosten.

5. Erklärung der Entwicklung der Realzinsen auf Staatsschuldtitel

Eine wichtige Eigenschaft des theoretischen Ansatzes, auf die schon mehrfach Bezug genommen wurde, besteht in einer spezifischen Erklärung der Realzinsen auf Staatsschuldtitel. Auf kurze Sicht, das heißt im zyklischen Ablauf, bestimmen die Angebotsmengen an Staatsschuldtiteln und Zentralbankgeld sowie die Portfoliopräferenzen der Privaten und deren Einstellung gegenüber den Risiken einzelner Vermögensobjekte die Realzinsen auf Staatsschuldtitel. Auf lange Sicht, das heißt über den Zyklus hinweg, bestimmt die Realertragsrate des Sachkapitals die Realzinsen auf Staatsschuldtitel. Nimmt die Realertragsrate trendmäßig ab, müssen sich auch die Realzinsen auf einem niedrigeren Niveau einfinden.

Eine Regression der Realzinsen mit der Realertragsrate des Sachkapitals brachte folgendes Ergebnis:

(R10) $r_S = \underset{(23{,}400)}{0{,}405}\, R \qquad R^2 = 0{,}970 \quad \text{D.W.} = 1{,}024$

Die statistische Sicherung des Zusammenhangs ist hoch. Es verdient aber auch vor allem hervorgehoben zu werden, daß die aus der Regressionsschätzung errechenbare Elastizität des Realzinses in bezug auf die Realertragsrate 0,999 beträgt. Sie ist nicht signifikant von 1 verschieden. (Die Elastizität wurde berechnet als $\varepsilon(r_S, R) = \frac{\partial r_S}{\partial R} \cdot \frac{\bar{R}}{\bar{r}_S}$, wobei für $\frac{\partial r_S}{\partial R}$ der errechnete Regressionskoeffizient verwendet wurde, $\bar{R}$ und $\bar{r}_S$ sind die Stichproben-Mittelwerte der betreffenden Variablen). Das Ergebnis bedeutet, daß im Durchschnitt des Berichtszeitraums Veränderungen des Realzinses sich voll den Bewegungen der Realertragsrate angepaßt haben. Auf lange Sicht sind es also letztlich realwirtschaftliche Faktoren, welche die Realzinsen auf Finanzaktiva beeinflussen. Der Realzins beträgt im Durchschnitt das 0,405fache der Realertragsrate (das ist der gemessenee Regressionskoeffizient).

Die statistische Sicherung des Zusammenhanges zwischen Realzinsen und Realertragsrate ist schon so hoch, daß sie kaum noch verbessert werden kann. Dennoch sollte der Einfluß von Veränderungen der Staatsverschuldung und der Zentralbankgeldmenge nachweisbar sein. Zu diesem Zweck werden in die Regression (R10) noch eine Staatsschuldvariable und eine Variable für die Zentralbankgeldmenge eingeführt. Es handelt sich um dieselben Größen, wie in Abschnitt 3a dieses Teils definiert, Veränderungen der Zentralbankgeldmenge und der Staatsverschuldung sind also über das Produktionspotential „normiert". Es ist die Möglichkeit nicht auszuschließen, daß durch den sprunghaften Anstieg der Nettokreditaufnahme des Staates in den Jahren 1975 und danach ein Strukturbruch im längerfristigen Zusammenhang aufgetreten sein könnte. Der Möglichkeit ist dadurch Rechnung getragen worden, daß in die Regression noch eine Dummy-Variable aufgenommen worden ist. Sie ist definiert als 1 in den Jahren 1960 bis 1974 und als 0 in den Jahren 1975 bis 1977. Als Symbol für diese Dummy-Variable steht D. Für die Vorzeichen ist theoretisch zu erwarten, daß die R- und die S-Variable ein positives und die M-Variable ein negatives Vorzeichen aufweisen. Die Regressionsschätzung brachte folgende Ergebnis:

$$\text{(R11)} \quad r_S = \underset{(5{,}093)}{0{,}391\,R} - \underset{(-\,1{,}975)}{1{,}208\,M} + \underset{(2{,}299)}{0{,}327\,S} + \underset{(1{,}110)}{0{,}675\,D} \qquad \begin{array}{l} R^2 = 0{,}977 \\ \text{D.W.} = 1{,}057 \end{array}$$

Die Regressionskoeffizienten weisen das erwartete Vorzeichen auf; sie sind signifikant von Null verschieden (bis auf jenen der Dummy-Variablen). Der Regressionskoeffizient der R-Variablen ist nur um einen minimalen Betrag kleiner als im Ansatz (R10). Die Elastizität der

Realzinsvariablen bezüglich der Realertragsrate bleibt also beim numerischen Wert von 1.

Wie schon aus den Einfach-Regressionen der endogenen mit den exogenen Variablen (Tabelle 5) des Modells zu entnehmen war, zeigt auch (R11), daß der Einfluß der monetären Politik auf die Höhe der Realzinsen höher zu veranschlagen ist, als der Einfluß der Staatsverschuldung. Der Regressionskoeffizient der *M*-Variablen ist um das Vierfache größer als jener der Staatsschuldvariablen. Die aus dem Ansatz errechenbare Elastizität der Realzinsen bezüglich der *M*-Variablen beträgt 0,214 und bezüglich der *S*-Variablen – 0,302.

Zusammenfassung und Fazit

1. Ausgangspunkt der Arbeit war die Frage, wie eine Änderung der Staatsverschuldung das Zinsniveau und die Investitionstätigkeit beeinflußt. Eine häufig zu findende Antwort auf diese Frage ist, daß die Kreditaufnahme des Staates solche Zinswirkungen und Vermögensentscheidungen der Privaten verursache, welche hemmende Einflüsse auf die Investitionsentscheidungen ausübten (crowding out). Die Analyse hat zu belegen versucht, daß die monetären oder im weiteren Sinne finanziellen Wirkungen einer Zunahme der Staatsverschuldung nicht schon im vorhinein eindeutig sind. Eine Entmutigung privater Investoren kann auftreten, es kann aber auch eine anregende Wirkung auf die Investitionstätigkeit als Folge einer Zunahme der Staatsverschuldung auftreten. Es ist ein Kriterium dargestellt worden, welches die Wirkungsrichtung anzeigt: Eine Zunahme der Staatsverschuldung wirkt expansiv (kontraktiv) auf die Investitionstätigkeit der Privaten, wenn sie die Kapitalkosten senkt (erhöht).

Die Analyse hat zu zeigen versucht, daß Bewegungen der Kapitalkosten und damit Veränderungen in den Bedingungen für die Investitionstätigkeit der Privaten nicht allein von Schuldenoperationen des Staates verursacht werden, sondern auch von Variationen der Zentralbankgeldmenge und der Realertragsrate des Sachkapitals. Ist die Realertragsrate des Sachkapitals beweglich — die empirischen Belege sprechen dafür — dann sind Änderungen der Kapitalkosten nur zum Teil das Produkt finanzieller Einflüsse. Nimmt die Realertragsrate deutlich ab, dann ist ein Rückgang der Kapitalkosten auch mit die Folge einer gedrückten Ertragslage im Bereich des Produktivkapitals. In diesem Fall ist der relative Abstand zwischen Realertragsrate und Kapitalkosten die geeignete Größe, an der die Wirkungen auf die Investitionstätigkeit abgelesen werden können, welche vom finanziellen Sektor ausgehen.

Eine expansive Wirkung einer Zunahme der Staatsverschuldung kann auch dann eintreten, wenn diese für sich genommen zu einer Erhöhung der Realzinsen auf Staatsschuldtitel führt. Entscheidend ist der Abstand zwischen Kapitalkosten und Realzinsen. Führt eine Verschuldungsoperation des Staates dazu, daß zwar die Realzinsen auf Finanzaktiva steigen, gleichzeitig aber die Kapitalkosten sinken, dann läuft die Wirkung in Richtung des crowding in; ein kleiner werdendes Renditedifferential ist dann Ausdruck einer expansiven Wirkung. Es ist versucht worden zu zeigen, weche Bedingungen zu Schwankungen des Renditedifferentials führen können.

2. Das verwendete Modell versucht den Gegebenheiten Rechnung zu tragen, unter denen in modernen Volkswirtschaften mit einem ausgebauten Finanzsektor die Gleichheit von Sparen und Investieren zu sehen ist. Private Haushalte, die den größten Teil der gesamtwirtschaftlichen Ersparnis aufbringen, wünschen in der Regel nicht, Investitionsgüter, wie z. B. Unternehmensausrüstungen, direkt zu erwerben. Sofern sie von den spezifischen Ertragsaussichten des Sachkapitals profitieren wollen, übernehmen sie die Funktion als Kapitalgeber der Unternehmen, indem sie verbriefte Ansprüche auf Sachkapital erwerben. Das ist aber nur eine Möglichkeit für die Privaten, ihre Ersparnis anzulegen. Andere Möglichkeiten bestehen darin, zinstragende Forderungen gegen den Staat zu erwerben, außerdem werden auch, teils zu Transaktionszwecken, teils aus spekulativen Erwägungen, Zahlungsmittel gewünscht. Sofern private Haushalte Forderungen gegen Banken halten, zählen diese zwar nicht zum Netto-Vermögen des privaten Sektors insgesamt. Es ist aber zu sehen, daß die Banken die erhaltenen Mittel weiterleiten, entweder an den Unternehmenssektor oder an den Staat. Für die Banken ergibt sich also dieselbe Wahlmöglichkeit. Sie treten ebenfalls als Kapitalgeber der Unternehmen auf, indem sie verbriefte Ansprüche auf Sachkapital erwerben, oder sie übernehmen zinstragende Forderungen gegen den Staat. Für die privaten Vermögensanleger ergibt sich also prinzipiell die Wahlmöglichkeit, ob sie Sachaktiva in Form verbriefter Ansprüche auf Sachkapital oder Finanzaktiva in Form von Forderungen gegen den Staat und die Zentralbank erwerben wollen.

3. Es ist gezeigt worden, daß sich Finanzaktiva und Sachaktiva durch spezifische Risiken unterscheiden, woraus sich ein bestimmtes Portfolioverhalten der privaten Vermögensanleger ableitet. Die Risiken der beiden Vermögensanlagen sind negativ korreliert, sowohl im Hinblick auf unerwartete Preissteigerungen als auch unerwartete Abschreibungen. Durch die negative Korrelation der Risiken läßt sich durch eine ausgewogene Mischung zwischen Finanzaktiva und Sachaktiva das Gesamtrisiko eines Portefeuilles kleiner machen als die (gewichtete) Summe der Einzelrisiken. Für einen ökonomisch kalkulierenden Vermögensanleger stellt sich dann nicht die Frage Wertpapiere *oder* Sachaktiva, sondern Wertpapiere *und* Sachaktiva. Erhöht der Staat durch Schuldenoperationen das Angebot an Wertpapieren, dann löst dies Anpassungsprozesse der Privaten dahingehend aus, daß zur Wiederherstellung ausgewogener Portefeuilles die Nachfrage nach Sachaktiva erhöht

wird. Die Kapitalkosten sinken in Reaktion auf die höhere Staatsverschuldung.

4. Bei dem Anpassungsprozeß handelt es sich selbstverständlich um keine Mechanik. Die nominalen Angebotsmengen an Finanzaktiva müssen in die vom Publikum real gewünschten Mengen transformiert werden. Anpassungen der Realzinsen auf Staatsschuldtitel und des Preisniveaus können dies bewerkstelligen. Wie diese Anpassungen bei einer Zunahme der Staatsverschuldung ablaufen, hängt aber auch von der Zentralbank ab. Wird die Zentralbankgeldversorgung knapp gehalten, kommt es zu vermehrten Versuchen des Publikums, durch Abstoßen von Finanzaktiva in den Besitz von Zentralbankgeld zu gelangen. Dies drückt die Realzinsen nach oben. Welche Zinswirkung mit einer Zunahme der Staatsverschuldung verbunden ist, wird also auch von der Notenbank beeinflußt. Man macht es sich zu einfach, wenn man ein hohes Zinsniveau ausschließlich mit Budget-Defiziten des Staates in Verbindung bringt und Zinssenkungen erst für den Zeitpunkt in Aussicht stellt, zu dem die Budget-Defizite geschlossen oder zumindest in starkem Maße reduziert sind. Solche Formulierungen mögen auf der politischen Ebene griffig und eingängig sein, einer analytischen Nachprüfung halten sie indes nicht vollauf stand.

5. Wieviel Raum in den Portefeuilles der Privaten für die Aufnahme von Sachaktiva vorhanden ist, hängt auch davon ab, wie rasch und in welchem Ausmaß das nominale Angebot an Finanzaktiva durch Anpassungen des Preisniveaus nach oben in die vom Publikum gewünschten realen Mengen transformiert wird. Auch hierauf hat die Zentralbank Einfluß. Daraus läßt sich selbstverständlich keine Maxime ableiten gemäß dem Motto, es dem Staat zu erlauben, sich beliebig hoch zu verschulden, um dann eine starke Anpassung des Preisniveaus nach oben zu bewirken, welche die nominale Menge an Finanzaktiva hinreichend real abwertet. Es heißt lediglich zu sehen, daß diejenigen, die über das Preisniveau befinden, auch mit darüber entscheiden, wie eine Zunahme der Staatsverschuldung auf die private Investitionstätigkeit wirkt. Wiederum würde man es sich zu einfach machen, ein crowding out allein mit dem Staat in Verbindung zu bringen.

6. Die Analyse hat darauf abgestellt, Aussagen zu treffen, welche empirisch nachprüfbar sind. Regressionen der endogenen mit den exogenen Variablen des Modells ergaben die im neo-keynesianischen Fall theoretisch zu erwartenden Vorzeichen. (Die Ergebnisse der Regressionsschätzungen sind aber zurückhaltend zu bewerten). Es konnte gezeigt werden, daß das Niveau der Realzinsen auf Finanzaktiva nicht allein von der Staatsverschuldung abhängt, sondern daß auch ein deut-

licher Einfluß der monetären Politik nachgewiesen werden kann. Letztendlich sind aber, über den Konjunkturzyklus hinweg, realwirtschaftliche Einflüsse für das Niveau der Realzinsen auf Finanzaktiva maßgeblich. Des weiteren haben die empirischen Überprüfungen einige Anhaltspunkte dafür ergeben, daß eine Zunahme der Staatsverschuldung im Beobachtungszeitraum unter den Bedingungen des crowding in vor sich ging. Freilich ist dabei zu sehen, daß sich auf der empirischen Ebene die Ergebnisse der reinen monetären Politik und der reinen Staatsschuldenpolitik nicht mehr sauber trennen lassen. Es ist darauf hingewiesen worden, daß die „kritischen" Jahre nach 1977 wegen der Beschaffenheit des Zahlenmaterials nicht in die Berechnung mit einbezogen werden konnten. Deswegen mag es eine offene Frage sein, ob sich die empirischen Ergebnisse dadurch wesentlich geändert hätten. Es ist aber zu sehen, daß die monetäre Politik in Deutschland ab der Jahreswende 1978/79 dazu überging, die Zuwachsraten der Zentralbankgeldmenge zu dämpfen — eine Politik, die deutliche Wirkungen zeigte. Seit dem II. Quartal 1980 und auch im Jahr 1981 lag die reale Zentralbankgeldmenge unter Vorjahresniveau. Das war in der Nachkriegszeit in Deutschland, mit Ausnahme des Jahres 1974, nie der Fall gewesen. In einer solchen Situation sind hohe Zinsen auch der Ausweis für eine monetäre Politik, welche die Zentralbankgeldversorgung geringer hält, als es dem potentialorientierten Maß entspricht.

Ein weiterer analytisch und empirisch bedeutsamer Tatbestand liegt darin, daß das vorgelegte Zahlenmaterial zeigt, daß das Renditedifferential zwischen Kapitalkosten und Realzinsen in hohem Maße variabel ist. Dies spricht gegen die monetaristische Hypothese, derzufolge Wertpapiere und Sachaktiva in der Sicht der Vermögen haltenden Wirtschaftssubjekte sehr gute Substitute sind. Die Empirie gibt wenig Anhaltspunkte dafür, daß es die Privaten in größerem Umfange unternehmen, von Finanzaktiva auf Sachaktiva umzusteigen und vice versa. Die dargestellten empirischen Belege lassen den Schluß zu, daß die neokeynesianische Erklärung des Portfolioverhaltens der Privaten eine bessere Annäherung an die Wirklichkeit darstellt, als die monetaristische Version.

7. Die theoretische Analyse und die empirische Evidenz sprechen also dafür, daß in der Sicht der Vermögen haltenden Wirtschaftssubjekte alle Finanzaktiva mehr oder weniger gute, wenn auch keine vollkommenen Substitute zueinander sind. Die Substituierbarkeit der Vermögensobjekte untereinander endet an der Grenze zwischen Finanzaktiva und Sachaktiva, diese beiden großen Gruppen von Vermögensanlagen stehen in einem eher komplementären Verhältnis zueinander. Dies legt einige Schlußfolgerungen für das Management öffentlicher

Schulden nahe. Ein Punkt sei hier hervorgehoben. Er bezieht sich auf die Wahl der Fristigkeitsstruktur der Staatsverschuldung. (Dies bedeutet eine Einschränkung. Die tatsächliche Schuldenstrukturpolitik des Staates hat noch wesentlich mehr Probleme zu bewältigen als nur die Wahl der Fristigkeitsstruktur seiner ausstehenden Verschuldung).[1] Hier hat der Staat bislang vielleicht Möglichkeiten außer acht gelassen, die sowohl die Zinsbelastung der ausstehenden Staatsverschuldung verringern als auch die Effizienz der monetären Steuerung erhöhen könnten und überdies geeignet wären, zusätzliche anregende Impulse für die Investitionstätigkeit der Privaten zu geben.

8. Eine Zunahme des Angebots an Finanzaktiva wirkt monetär expansiv. Wie stark die Wirkung ist, hängt von der Wahl der Fristigkeit ab. Die expansive Wirkung ist am stärksten, wenn die Zunahme der Finanzaktiva die Form von Zentralbankgeld hat. Mit steigender Laufzeit nimmt die expansive Wirkung ab.

Dies steht unter der Voraussetzung, daß alle Finanzaktiva im wesentlichen denselben Risiken ausgesetzt und damit mehr oder weniger gute Substitute zueinander sind. Unter diesem Aspekt sind auch langfristige Finanzaktiva immer noch bessere Substitute zu Geld als zu Sachaktiva, der Grad der Substituierbarkeit nimmt aber mit zunehmender Laufzeit ab. Eine Zunahme der Staatsverschuldung, welche die Form langfristiger Schuldtitel hat, ist monetär weniger anregend als die Emission kurzfristiger Schuldtitel. Soll die Effizienz der monetären Steuerung erhöht werden, dann könnte der Staat wie folgt verfahren. Ist es aus gesamtwirtschaftlichen Gründen angezeigt, daß die monetären Instanzen expansiv wirken, dann sollte der Staat möglichst kurzfristige Formen der Verschuldung wählen. Ist es angezeigt, daß die monetären Instanzen kontraktiv wirken, dann sollte der Staat langfristige Formen der Verschuldung wählen. Bei dem üblichen zyklischen Muster, das sich in der Nachkriegszeit herausgebildet hat, und den typischen Reaktionen der monetären Instanzen würde das bedeuten, daß der Staat um den jeweiligen Zinshochpunkt herum und in den Zinsabschwungphasen zur

---

[1] Der Wissenschaftliche Beirat beim Bundesministerium der Finanzen zählt, neben der Laufzeitenstrukturpolitik, noch folgende Aufgaben zur staatlichen Schuldenstrukturpolitik: die Frage der zeitlichen Verteilung der Kreditaufnahme über das Haushaltsjahr, insbesondere das Problem der Vorratskredite; Wahl der Gläubigerstruktur und deren Beeinflussung; Plazierungsverfahren; Kurspflege und Kursstützung; staatliche Schuldenaufnahme im Ausland; Koordination der Schuldenpolitik der Gebietskörperschaften; vgl. Wissenschaftlicher Beirat (1979). Gandenberger weist auf eine Reihe von geldpolitischen, kapitalmarktpolitischen, wettbewerbspolitischen und fiskalischen Fragen hin, die mit der Wahl der Verschuldungsform verbunden sind, und in deren „Überschneidung und Verquickung“ die „... besondere Würze des Themas der staatlichen Schuldenpolitik liegen könnte.“ Gandenberger (1978), 163.

kurzfristigen Verschuldung greift, während er in Phasen relativ niedriger Zinsen auf langfristige Formen der Verschuldung umschaltet.

Dies wäre eine idealtypische Wahl der Fristigkeitsstruktur. Die praktisch-politische Nutzbarmachung der Maxime hätte freilich ihre Schwierigkeiten. Die Wahl der „korrekten" Fristigkeitsstruktur hängt wesentlich von den künftig erwarteten Zinsen ab, und Erwartungen sind unsicher. Im Grunde genommen müßte sich der Staat gleichsam als Spekulant betätigen. Er wäre hier freilich in einer etwas besseren Lage als die anderen Marktteilnehmer — er könnte sich den Rat der Notenbank einholen. Wenn jemand überlegene Informationen über die künftige Zinsentwicklung, jedenfalls auf kürzere Sicht, hat, dann ist dies die Zentralbank.[2]

9. Die eben genannte Maxime bedeutet nichts anderes, als daß der Staat sich beim Management seiner Schulden mehr oder weniger unternehmerisch verhalten sollte. Für private Unternehmen gilt eine flexible Wahl der Fristigkeit ihrer Kreditaufnahme als Zeichen vernünftiger finanzwirtschaftlicher Disposition. Man wird es einem Unternehmen nicht ankreiden, daß es sich z. B. dann, wenn allgemeine Zinssenkungen erwartet werden, vorwiegend kurzfristig finanziert, um später, bei niedrigeren Zinsen, die kurzfristigen Kredite duch langfristige zu ersetzen. Dem Staat scheint dies nicht erlaubt zu sein. Noch herrscht weithin die Meinung vor, daß der Staat, wenn er sich überhaupt veschulde, dann dies immer in langfristiger Form tun solle. Nur eine langfristige Verschuldung sei Ausweis einer „gesunden" öffentlichen Finanzwirtschaft. Rein rational ist dieses Argument nicht.

10. Eine flexible Wahl der Fristigkeit der Staatsverschuldung hätte auch Vorteile für die Steuerzahler, die schließlich die Zinsen auf Staatsschuldtitel aufzubringen haben. Wenn der Staat sich auch am Zinshochpunkt langfristig verschuldet, kommt er in die Lage, bei wesentlich niedrigeren Zinsen seine Schuldtitel mit Zinsen bedienen zu müssen, die weit höher als die marktgerechten sind. Die Zinsbelastung der Staatsverschuldung ist größer, als es nötig wäre. Es stimmt, daß die Finanzierung von Zinszahlungen ein Transfer aus einer Tasche der Privaten in eine andere ist. Die Gruppe der Steueuerzahler des Zinstransfer ist aber nicht identisch mit der Gruppe der Empfänger. Es spricht einiges dafür, daß die Konsumneigung der Steuerzahler des

[2] Spätestens an dieser Stelle beginnt die Versuchung, den häufig diskutierten Vorschlag aufzugreifen, die gesamte Schuldenstrukturpolitik des Staates der Zentralbank zu übertragen (u. a. Willms (1968) 410; Tobin (1978) 121; Milbradt (1975) 199). Diese Frage ist hier bewußt ausgeklammert. Für einige Einwände siehe Gandenberger (1978) 172 ff. oder Wissenschaftlicher Beirat (1979) 133 ff.

Zinstransfer im Durchschnitt größer ist als jene der Empfänger. Ist dem so, dann ist der Zinstransfer fiskalisch nicht neutral, sondern kontraktiv.[3] Auch dies könnte dafür sprechen, die Zinsbelastung der Staatsverschuldung durch gezielte Variationen der Fristigkeit zu verringern.

11. Es gibt noch weiteres zu beachten, was wiederum mit der Effizienz der monetären Steuerung zu tun hat. Wenn ein Privater Geld in einem Wertpapier mit variablem Kurswert anlegt, dann ist für ihn nicht allein der Nominalzins von Interesse, auch nicht allein die Rendite des Papiers. Wenn er nach einer bestimmten Zeit das Papier (noch vor dessen Fälligkeit) veräußert, dann ist die für ihn relevante Ertragsrate der Nominalzins *plus* Zunahme des Kurswertes des Papiers in Prozent des anfänglichen Marktwertes, aufs Jahr umgerechnet.[4] Dies ist eine spezifische Eigenschaft langfristiger Schuldtitel des Staates, die ja u. a. durch einen variablen Kurswert gekennzeichnet sind. Emittiert der Staat auch dann langfristige Schuldtitel, wenn die monetäre Politik eine anregende Wirkung entfalten und entsprechend einen Zinssenkungsprozeß einleiten will, dann schwächt er die expansive Wirkung der monetären Politik. In Phasen der Zinssenkung werden am Kapitalmarkt allgemein Kurswertsteigerungen erwartet. Die Attraktivität von Vermögensanlagen in Wertpapieren relativ zu jener der Sachaktiva ist dann höher, als die am Kapitalmarkt festgestellte Rendite ausweisen könnte. Vom finanziellen Sektor gehen dann weniger starke expansive Impulse aus, als man dies allein am Rückgang der Renditen ablesen könnte. Je mehr der Staat in Phasen der Zinssenkung den Privaten die Chance von Kurswertgewinnen bietet, desto weniger wirksam sind Zinssenkungen. Auch dies spricht dafür, daß der Staat in Phasen, in denen Zinssenkungen aus gesamtwirtschaftlichen Gründen angezeigt sind, die Fristigkeit seiner Verschuldung systematisch zum kurzen Ende verlagert. Der Zinssenkungsprozeß geht dann rascher voran als ohne Variation der Fristen. Umgekehrt kann der Staat dann, wenn eine kontraktive monetäre Politik angezeigt ist, den Prozeß der Zinserhöhung um so mehr beschleunigen, je mehr er langfristige Verschuldungsformen wählt. Eine systematische Variation der Fristigkeitsstrktur kann also der monetären Politik zu mehr Durchschlagskraft verhelfen.

3 Vgl. Tobin (1978) 74.

4 Vgl. Tobin (1978) 88 ff.

Literatur

Adami, N. (1979), Die Haushaltspolitik des Bundes von 1955 bis 1965. Schriftenreihe des Bundesministeriums der Finanzen, Heft 14, Bonn.

Albach, H. (1979), Steigende Verschuldung und sinkende Eigenkapitalrendite deutscher Unternehmen. Die Aktiengesellschaft 5 (1979), 121 - 128.

Backus, D., W. D. *Brainard*, G. *Smith* und J. *Tobin* (1980), A Model of U.S. Financial and Nonfinancial Economic Behavior. Journal of Money, Credit, and Banking, Special Issue: Financial Market Behavior, Capital Formation and Economic Performance XII (1980), 259 - 293.

Balbach, R. (1977), The Effects of Changes in Inflationary Expectations. Federal Reserve Bank of St. Louis Review 59 (1977), 10 - 14.

Bank of England (1976), Trends in Company Profitability. Quarterly Bulletin 16 (1976), 36 - 52.

Bank of England (1976 a), The Cost of Capital, Finance and Investment. Quarterly Bulletin 16 (1976), 193 - 205.

Bank of England (1977), Supplementary Note to the Economic Commentary. Quarterly Bulletin 17 (1977), 156 - 161.

Bank of England (1980), The Measurement of Capital. Quarterly Bulletin 20 (1980), 324 - 330.

Barro, R. J. (1974), Are Government Bonds Net Wealth? Journal of Political Economy 82 (1974), 1095 - 1117.

Barro, R. J. (1976), Rational Expectations and the Role of Monetary Policy. Journal of Monetary Economics 2 (1976), 1 - 32.

Barro, R. J. und St. *Fischer* (1976), Recent Developments in Monetary Theory. Journal of Monetary Economics 2 (1976), 133 - 167.

Biedenkopf, K. und M. *Miegel* (1979), Die programmierte Krise. Alternativen zur staatlichen Schuldenpolitik, Stuttgart.

Blinder, A. S. und R. *Solow* (1973), Does Fiscal Policy Matter? Journal of Public Economics 12 (1973), 319 - 337.

Blinder, A. S. und R. *Solow*, Hrsg., (1974), The Economics of Public Finance, Washington.

Blinder, A. S. und R. *Solow* (1976), Does Fiscal Policy Matter? A Correction. Journal of Public Economics 15 (1976), 183 - 184.

Brainard, W., J. B. *Shoven* und L. *Weiss* (1980), The Financial Valuation of the Return to Capital. Brookings Papers on Economic Activity 2 (1980), 453 - 502.

Branson, H. W. (1972), Macroeconomic Theory and Policy, New York.

Bruce, N. (1977), The IS-LM-Model of Macroeconomic Equilibrium and the Monetarist Controversy. Journal of Political Economy 85 (1977), 1049 - 1062.

Brunner, K. und A. H. *Meltzer* (1972), A Monetarist Framework for Aggregative Analysis. Kredit und Kapital, Beiheft 1 (1972), 31 - 88.

Brunner, K. und A. H. *Meltzer* (1976), An Aggregative Theory for a Closed Economy, in: J. L. *Stein* (Hrsg.), Monetarism, Amsterdam (1976), 69 - 103.

Buiter, W. (1977), Crowding Out and the Effectiveness of Fiscal Policy. Journal of Public Economics 7 (1977) 309 - 328.

Carlson, K. M. und R. W. *Spencer* (1975), Crowding Out and Its Critics. Federal Reserve Bank of St. Louis Review 57 (1975), 2 - 17.

Cebula, R. J. (1973), Deficit Spending, Expectations and Fiscal Policy Effectiveness. Journal of Public Finance XXVIII (1973), 362 - 370.

Christ, C. F. (1967), A Short-Run Aggregate-Demond Model of the Interdependence and Effects of Monetary and Fiscal Policies with Keynesian and Classical Interest Elasticities. The American Economic Review LVII (1967), 434 - 443.

Christ, C. F. (1968), A Simple Macroeconomic Model with a Government Budget Restraint. Journal of Political Economy 76 (1968), 53 - 67.

Christ, C. F. (1979), On Fiscal and Monetary Policies and the Government Budget Restraint. American Economic Review 69 (1979), 526 - 538.

Ciccolo, J. H. (1974), Money, Equity Values and Income. Federal Reserve Bank of New York, Research Paper 7421, New York.

Ciccolo, J. H. (1979), Tobins *q* and Tax Incentives. Paper prepared for the Southern Finance Association Meeting, Atlanta, Georgia, November 9, 1979 (hektographiert).

Ciccolo J. H. und G. *Fromm* (1979), „*q*" and the Theory of Investment. Journal Finance 34 (1979), 535 - 547.

Ciccolo, J. H. und G. *Fromm* (1980), „*q*", Corporate Investment, and Balance Sheet Behavior. Journal of Money, Credit, and Banking, Special Issue: Financial Market Behavior, Capital Formation and Economic Performance XII (1980), 294 - 307.

Claassen, E.-M. (1981), Realwirtschaftliche Aspekte der Zins-Inflationsbeziehung, in: *Ehrlicher*, W. (Hrsg.), Geldpolitik, Zins und Staatsverschuldung, Berlin, 45 - 54.

Council of Economic Advisors (1977), Economic Report of the President, Washington.

Council of Economic Advisors (1978), Economic Report of the President, Washington.

Crotty, J. R. (1980), Post Keynesian Economic Theory: An Overview and Evaluation. American Economic Review 70 (1980), 20 - 25.

Deutsche Bundesbank, Statistische Beihefte zu den Monatsberichten der ..., Reihe 2, Wertpapierstatistik, verschiedene Jahrgänge.

Deutsche Bundesbank (1978), Sonderdruck Nr. 5, Jahresabschlüsse der Unternehmen in der Bundesrepublik Deutschland 1965 bis 1976, Frankfurt.

Deutsche Bundesbank (1979), Berücksichtigung der Geldentwertung bei der Besteuerung von Einkünften aus Kapitalvermögen, Monatsbericht der ..., 31. Jg., Nr. 8, August 1979, 20 - 33.

Deutsche Bundesbank (1979 a), Ertragslage und Finanzierungsverhältnisse der Unternehmen im Jahre 1978, Monatsbericht der ..., 31. Jg., Nr. 11, November 1979, 16 - 25.

Deutsche Bundesbank (1982), Sonderdruck Nr. 7, Geldpolitische Aufgaben und Instrumente, Frankfurt.

Deutsche Bundesbank (1983), Die Zinsentwicklung seit 1978. Monatsbericht der ..., 35. Jg., Nr. 1, Januar 1983, 14 - 26.

Dieckheuer, G. (1977), Staatsverschuldung, Zahlungsbilanz und Policy-Mix. Zeitschrift für die gesamte Staatswissenschaft 133 (1977), 440 - 471.

Dieckheuer, G. (1980), Der Crowding-out-Effekt — zum gegenwärtigen Stand von Theorie und Empirie. DIW-Vierteljahreshefte zur Wirtschaftsforschung 2 (1980), 126 - 147.

DIW (1972), Wirken Kreditausweitung und Staatsdefizite expansiv? DIW-Wochenbericht 26/72 (22. 6. 1972), 231 - 235.

DIW (1979), Vierteljährliche volkswirtschaftliche Gesamtrechnung für die Bundesrepublik Deutschland 1960 bis 1970, 3. Folge, Berlin.

DIW (1979 a), Vierteljährliche volkswirtschaftliche Gesamtrechnung für die Bundesrepublik Deutschland 1970 bis 1979, 3. Folge, 3. Ergänzungslieferung, Berlin.

Duwendag, D. (1983), Staatsverschuldung — Notwendigkeit und Gefahren, Baden-Baden.

Ehrlicher, W. und B. *Rohwer* (1978), Die öffentlichen Finanzen in der Bundesrepublik im Jahre 1975. Finanzarchiv N. F. 36 (1977/1978), 485 - 512.

Etzel, F. (1959), Gutes Geld durch gute Politik, Stuttgart.

Fand, D. (1969), Keynesian Monetary Theory, Stabilization Policy and the Recent Inflation. Journal of Money, Credit, and Banking 1 (1969), 556 - 587.

Federal Reserve Bank of Boston (1969), Controlling Monetary Aggregates, Boston.

Federal Reserve Bank of Boston (1973), Issues in Federal Debt Management, Boston.

Feldstein, M. und O. *Eckstein* (1970), The Fundamental Determinants of the Interest Rate. The Review of Economics and Statistics LII (1970), 363 - 375.

Fisher, I. (1896), Appreciation and Interest, New York.

Fisher, I. (1930), The Theory of Interest, New York.

Friedman, B. M. (1977), Financial Flow Variables and the Short-Run Determination of Long-Term Interest Rates. Journal of Political Economy 85 (1977), 661 - 689.

Friedman, B. M. (1978), Crowding Out or Crowding In? Economic Consequences of Financing Government Deficits. Brookings Papers on Economic Activity 3 (1978), 593 - 641.

Friedman, B. M. (1978 a), Who Puts the Inflation Premium into Nominal Interest Rates? Journal of Finance 33 (1978), 833 - 845.

Friedman, B. M. (1979), Substitution and Expectation Effects on Long-Term Borrowing Behavior and Long-Term Interest Rates. Journal of Money, Credit, and Banking 11 (1979), 131 - 150.

Friedman, B. M. (1980), Price Inflation, Portfolio Choice, and Nominal Interest Rates. American Economic Review 70 (1980), 32 - 48.

Friedman, B. M. (1980 a), The Determination of Long-Term Interest Rates: Implications for Fiscal and Monetary Policies. Journal of Money, Credit, and Banking, Special Issue: Financial Market Behavior, Capital Formation and Economic Performance XII (1980), 331 - 352.

Friedman, B. M. and V. *Roley* (1979), Investors Portfolio Behavior under Alternative Models of Long-Term Interest Rate Expectations. Econometrica 47 (1979), 1475 - 1497.

Friedman, M. (1956), Studies in the Quantity Theory of Money, Chicago.

Friedman, M. (1970), The Optimum Quantity of Money, in: *Friedman*, M. (Hrsg.), The Optimum Quantity of Money and other Essays, 3. Aufl., Chicago (1970), 1 - 50. (Deutsche Übersetzung in: *Friedman*, M. (Hrsg.), Die optimale Geldmenge und andere Essays, München (1970), 9 - 76).

Gandenberger, O. (1972), Intertemporale Verteilungswirkungen der Staatsverschuldung, in: *Haller*, H. und W. *Albers* (Hrsg.), Probleme der Staatsverschuldung, Berlin, 189 - 214.

Gandenberger, O. (1978), Ziele und Strategien der staatlichen Schuldenpolitik. Finanzarchiv N. F. 36 (1978), 162 - 175.

Gandenberger, O. (1980), Theorie der öffentlichen Verschuldung, in: *Neumark*, F. u. a. (Hrsg.), Dritte gänzlich neubearbeitete Auflage, Bd. III, Tübingen, 3 - 49.

Gebauer, W. (1976), Preisbereinigter Realzins und Ertragsrate des Realkapitals. Die Konzepte von Fisher und Tobin. Jahrbücher für Nationalökonomie und Statistik 191 (1976), 1 - 27.

Gebauer, W. (1979), Replik: Tobins makroökonomische *q*-Relation. Jahrbücher für Nationalökonomie und Statistik 194 (1979), 599 - 604.

Gebauer, W. (1981), Theorie und Realität des Realzinses, in: *Ehrlicher*, W. (Hrsg.), Geldpolitik, Zins und Staatsverschuldung, Berlin, 9 - 44.

Gebauer W. (1982), Realzins, Inflation und Kapitalzins, Berlin u. a.

Geigant, F. (1977), Komparativ-Statische Zinseffekte. Arbeitspapier Nr. 1 des Lehrstuhls A für Volkswirtschaftslehre der TU Hannover, Hannover.

Geigant, F. (1977 a), Monetäre Aspekte der Globalsteuerung. Arbeitspapier Nr. 2 des Lehrstuhls A für Volkswirtschaftslehre der TU Hannover, Hannover.

Geigant, F. (1978), Monetäre Zinstheorie. Teil E der Lehrbriefe zur Geldpolitik der Fernuniversität — Gesamthochschule — in Hagen, Hagen.

Geigant, F., D. *Sobotka* und H. M. *Westphal* (1975), Lexikon der Volkswirtschaft, München.

Girton, L. und D. W. *Henderson* (1976), Financial Capital Movements. Journal of Monetary Economics 2 (1976), 33 - 54.

Gordon, R. J. (Hrsg.) (1974), Milton Friedman's Monetary Framework, A Debate with his Critics, London.

Gordon, R. J. (1976), Recent Developments in the Theory of Inflation and Unemployment. Journal of Monetary Economics 2 (1976), 185 - 219.

Grossmann, H. I. (1975), Tobin on Macroeconomics: A Review Article. Journal of Political Economy 83 (1975), 829 - 847.

Gutowski, A. (1979), Bestimmungsgründe der zukünftigen Zinsentwicklung. Vortrag auf einer Veranstaltung der Westdeutschen Landesbank Girozentrale am 29. November 1976 (hektographiert).

Hamburger, M. J. und B. *Zwick* (1981), Deficits, Money and Inflation. Journal of Monetary Economics 7 (1981), 141 - 150.

Helliwell, J., G. *Sparks* und J. *Frisch* (1973), The Supply Price of Capital in Macroeconomic Models, in: *Powell*, A. und A. W. *Ross* (Hrsg.), Econometric Studies of Macro and Monetary Relations, Amsterdam, London, New York, 261 - 283.

Hicks, J. R. (1937), Mr. Keynes and the "Classics", A Suggested Interpretation. Econometrica 5 (1937), 147 - 159.

Ifo-Institut (1974), Kreditbedarf der öffentlichen Hand 1975 und seine Finanzierung. Wirtschaftskonjunktur — Monatsberichte des Ifo-Instituts, Heft 9, 26 (1974), 21 - 26.

Ifo-Schnelldienst (1976), Deutliche Wirkungen der expansiven Bundesbankpolitik, Nr. 3 vom 28. Januar 1976, 3 - 10.

Jüttner, D. J. (1979), Einige Bemerkungen zu einer Interpretation von Tobins Angebotspreis des Sachkapitals. Jahrbücher für Nationalökonomie und Statistik 194 (1979), 395 - 398.

Jüttner, D. J. (1983), Rates of Return, Investment Behaviour and Monetary Policy. Kredit und Kapital 16 (1983), 16 - 35.

Kaldor, N. und J. *Trevithik* (1981), A Keynesian Perspective on Money. Lloyds Bank Review 139 (1981), 1 - 19.

Kath, D. und N. *Euba* (1975), Die makroökonomische Portfoliotheorie. WiSt Heft 10, Oktober 1975, 458 - 464.

Keran, M. W. (1969), Monetary and Fiscal Influences on Economic Activity — The Historical Evidence, Federal Reserve Bank of St. Louis Review 51 (1969), 5 - 24.

Keran, M. W. (1970), Monetary and Fiscal Influences on Economic Activity — The Foreign Experience. Federal Reserve Bank of St. Louis Review 52 (1970), 16 - 28.

Ketterer, K.-H. (1975), Probleme der Neo-Quantitätstheorie und der Geldmengenpolitik, Berlin.

Ketterer, K.-H. (1981), Staatsverschuldung und Geldpolitik. Einige Aspekte Zur Verringerung der Zinslast auf Staatsschuldtitel, in: *Simmert,* D. B. (Hrsg.), Staatsverschuldung — Kontrovers, Köln, 328 - 345.

Ketterer, K.-H. und R. *Vollmer* (1981), Bestimmungsgründe des Realzinsniveaus. Eine empirische Untersuchung für die Bundesrepublik Deutschland, in: *Ehrlicher,* W. (Hrsg.), Geldpolitik, Zins und Staatsverschuldung, Berlin, 55 - 102.

Ketterer, K.-H. und R. *Vollmer* (1981 a), Tobins *q* und private Investitionsausgaben. Zeitschrift für Wirtschafts- und Sozialwissenschaften 101 (1981), 153 - 180.

Keynes, J. M. (1936), The General Theory of Employment, Interest and Money (Nachdruck der 1. Auflage von 1936), London.

Knight, F. H. (1949), Capital and Interest, in: Readings in the Theory of Income Distribution. The American Economic Association, Philadelphia, 384 - 417.

Köhler, Cl. (1962), Der Geldkreislauf. Geldtheoretische Thesen im Spiegel der Empirie, Berlin.

Köhler, Cl. (1968), Orientierungshilfen für die Kreditpolitik, Berlin.

Köhler, Cl. (1970), Thesen und Gegenthesen. Bemerkungen zu Milton Friedmans monetärem Konzept des „New Liberalism". Weltwirtschaftliches Archiv 105 (1970), 31 - 47.

Köhler, Cl. (1977), Geldwirtschaft. Erster Band: Geldversorgung und Kreditpolitik, 2. veränd. Aufl., Berlin.

Köhler, Cl. (1978), Der Zins als kreditpolitische Steuergröße, in: Deutsche Bundesbank, Auszüge aus Presseartikeln, Nr. 77, 11. Oktober 1978, 1 - 4.

Leland H. E. und D. H. *Phyle* (1977), Information Asymmetries, Financial Structure and Financial Intermediation. Journal of Finance 32 (1977), 361 - 387.

Levi, M. D. und J. H. *Makin* (1979), Fisher, Phillips, Friedman and the Measured Impact of Inflation on Interest. Journal of Finance 34 (1979), 35 - 52.

Lindenberg, E. B. und S. A. *Ross* (1981), Tobin's *Q* Rates and Industrial Organization. Journal of Business (forthcoming) [zitiert nach *Brainard*, *Shoven*, *Weiss* (1980)].

Lützel, H. (1972), Das reproduzierbare Sachvermögen zu Anschaffungs- und Wiederbeschaffungspreisen. Wirtschaft und Statistik, Heft 10, Jg. 1972, 611 - 624.

Lutz, F. A. (1967), Zinstheorie, 2. neubearb. und stark erw. Aufl., Tübingen, Zürich.

Machlup, F. (1974), Der Außenwert des Dollars. Zum Problem der Unterbewertung und Überbewertung einer Währung auf den Devisenmärkten. Kieler Vorträge, Neue Folge 79, Tübingen.

Mackscheidt, K. (1980), Crowding-out als Maßstab für die Effizienz der fiscal policy?, in: *Duwendag*, D. und H. *Siebert* (Hrsg.), Politik und Markt, Stuttgart und New York (1980), 53 - 63.

Markowitz, H. M. (1959), Portfolio Selection, New Haven.

Marshall, A. (1980), Principles of Economics, New York.

Mcgrath, B. (1977), Implications of the Government Budget Constraint. Journal of Money, Credit, and Banking 9 (1977), 304 - 315.

Metzler, L. A. (1951), Wealth, Saving, and the Rate of Interest. The Journal of Political Economy 59 (1951), 93 - 116.

Meyer, L. H. (1974), Wealth Effects and the Effectiveness of Monetary and Fiscal Policies. Journal of Money, Credit, and Banking 6 (1974), 481 - 502.

Modigliani, F. und M. H. *Miller* (1958), The Cost of Capital, Corporation Finance, and the Theory of Investment. American Economic Review 48 (1958), 261 - 297.

Neumann, M. J. M. (1977), Inflationserwartungen und andere Determinanten des Zinsniveaus. Konjunkturpolitik 13 (1977), 216 - 241.

Oberhauser, A, (1977) Liquiditätstheorie des Geldes als Gegenkonzept zum Monetarismus. Kredit und Kapital 10 (1977), 207 - 232.

Ott, D. J. und A. F. *Ott* (1965), Budget Balance and Equilibrium Income. Journal of Finance 20 (1965), 71 - 77.

Park, Y. (1972), Some Current Issues on the Transmission Process of Monetary Policy. International Monetary Fund Staff Papers XIX (1972), 1 - 43.

Peacock, A. T. und G. K. *Shaw* (1978), Is Fiscal Policy Dead? Quarterly Review. Banca Nazionale del Lavoro 125 (1978), 107 - 122.

Pfleiderer, O. (1978), Von der Reichsmark zur Deutschen Mark. Mittlerer Neckar, Mitteilungen der Industrie- und Handelskammer 6 (1978), 11 - 14.

Pohl, R. (1976), Die Transmissionsmechanismen der Geldpolitik. Jahrbücher für Nationalökonomie und Statistik 191 (1976), 1 - 28.

Pohl, R. (1976), Geldkreislauf und Einkommenskreislauf, Berlin.

Ricardo, D. (1923), Grundsätze der Volkswirtschaft und Besteuerung. Aus dem englischen Original nach der 3. Aufl. (1819) ins Deutsche übertragen von H. *Waentig,* 3. Aufl., Jena.

Richebächer, K. (1980), Im Teufelskreis der Wirtschaftspolitik. Fiskalsozialismus verdrängt die Marktwirtschaft, Stuttgart.

Roley, V. V. (1978), The Determinants of the Treasury Security Yield Curve, Research Division, Federal Reserve Bank of Kansas City, Kansas City.

Roley, V. V. (1978 a), A Theory of Federal Debt Management. Research Division, Federal Reserve Bank of Kansas City, Kansas City.

Roley, V. V. (1980), The Role of Commercial Banks' Portfolio Behavior in the Determination of Treasury Security Yields. Journal of Money, Credit, and Banking, Special Issue: Financial Market Behavior, Capital Formation and Economic Performance XII (1980), 353 - 369.

Roosa, R. V. (1951), Interest Rates and the Central Bank, in: Money, Trade, and Economic Growth: Essays in Honor of John H. *Williams,* New York, 270 - 295.

Sachverständigenrat (1979), Herausforderung von Außen. Jahresgutachten 1979/80, Stuttgart und Mainz.

Sachverständigenrat (1982), Gegen Pessimismus. Jahresgutachten 1982/83, Stuttgart und Mainz.

Sargent, T. J. und N. *Wallace* (1976), Rational Expectations and the Theory of Economic Policy. Journal of Monetary Economics 2 (1976), 169 - 183.

Schiller, Chr. (1983), Staatsausgaben und crowding-out-Effekte, Frankfurt a. M. und Bern.

Schneider, D. (1980), Investition und Finanzierung, 5., neu bearbeitete Auflage, Wiesbaden.

Scott, J. O. (1965), The Government Securities Market, New York.

Siebke, J. (1975), Die Berücksichtigung der Budgetbeschränkung des Staates in dem Keynesianischen Makrosystem. Das Wirtschaftsstudium Heft 10, 1975, 490 - 493, und Heft 11, 1975, 538 - 540.

Siebke, J. (1977), Der „Crowding-out effect" in einem Portfolio-Makromodell, in: *Albach,* H., E. *Helmstädter* und R. *Henn* (Hrsg.), Quantitative Wirtschaftsforschung, Festschrift für Wilhelm Krelle, Tübingen, 655 - 662.

Siebke, J. und M. *Willms* (1972), Zinsniveau, Geldpolitik und Inflation. Kredit und Kapital 5 (1972), 171 - 205.

Siebke, J., D. *Knoll* und W.-D. *Schmidberger* (1981), Theoretische Grundlagen des crowding-out-Effektes, in: *Ehrlicher,* W. (Hrsg.), Geldpolitik, Zins und Staatsverschuldung, Berlin 227 - 262.

Silber, W. L. (1970), Fiscal Policy in IS-LM-Analysis: A Correction. Journal of Money, Credit, and Banking 2 (1970), 461 - 472.

Spencer, R. W. und W. P. *Yohe* (1970), The "Crowding Out" of Private Expenditures by Fiscal Policy Actions. Federal Reserve Bank of St. Louis Review 52 (1970), 12 - 24.

Statistische Übersichten (1981), Statistische Übersichten zur staatlichen Kreditfinanzierung. Bearbeitet im Bundesministerium der Finanzen, in: *Simmert,* D. B. und K.-D. *Wagner* (Hrsg.), Staatsverschuldung — Kontrovers, Köln, 451 - 510.

Statistisches Bundesamt (1953 - 1960), Fachserie C, Unternehmen und Arbeitskräfte Reihe 2 I, Abschlüsse der Aktiengesellschaften, verschiedene Jahrgänge von 1953 bis 1960, Köln, Mainz und Stuttgart.

Statistisches Bundesamt (1954 - 1979), Statistisches Jahrbuch für die Bundesrepublik Deutschland, Bände 1954 - 1979, Köln, Mainz und Stuttgart.

Statistisches Bundesamt (1979), Fachserie 18, Volkswirtschaftliche Gesamtrechnungen, Reihe 1: Konten und Standardtabellen 1978, Mainz, Stuttgart.

Stein, J. L. (Hrsg.) (1976), Monetarism, Amsterdam, New York und Oxford.

Stützel, W. (1978), Volkswirtschaftliche Saldenmechanik. Ein Beitrag zur Geldtheorie, 2. Aufl., Tübingen.

Stützel, W. (1978 a), Ober- und Untergrenzen der öffentlichen Verschuldung. Kredit und Kapital 11 (1978), 429 - 450.

Tarshis, L. (1980), Post-Keynesian Economics: A Promise that Bounced? American Economic Review 70 (1980), 10 - 14.

Teigen, R. L. (1972), A Critical Look at Monetarist Economics. Federal Reserve Bank of St. Louis Review 54 (1972), 10 - 25.

Tobin, J. (1958), Liquidity Preference as Behavior towards Risk. Review of Economic Studies 25 (1958), 65 - 86.

Tobin, J. (1961), Money, Capital and other Stores of Value. American Economic Review (Papers and Proceedings) 51 (1961), 26 - 37.

Tobin, J. (1965), The Theory of Portfolio Selection, in: *Hahn,* F. und F. P. R. *Brechling* (Hrsg.), The Theory of Interest Rates, London, 3 - 51.

Tobin, J. (1969), A General Equilibrium Approach to Monetary Theory. Journal of Money, Credit, and Banking 1 (1969), 15 - 29. Deutsche Fassung: Ein allgemeiner Gleichgewichtsansatz zur Geldtheorie, übersetzt von B. *Monissen,* in: *Brunner,* K., H. G. *Monissen* und M. J. M. *Neumann* (Hrsg.), Geldtheorie, Köln 1974, 219 - 234.

Tobin, J. (1972), Friedman's Theoretical Framework. Journal of Political Economy 80 (1972), 852 - 863.

Tobin, J. (1974), Monetary Policy in 1974 and Beyond. Brookings Papers on Economic Activity 1 (1974), 219 - 232.

Tobin, J. (1975), Monetary Policy and Inflation, in: Federal Reserve Bank of Australia, Papers in Monetary Economics, Vol. I, 1975, wiederabgedruckt in: *Sommers,* A. T. (Hrsg.), Answers to Inflation and Recession: Economic Policies for a Modern Society. A Report from the Conference Board New York 1975, 2 - 33.

Tobin, J. (1976), Essays in Economics, Volume 1: Macroeconomics, 2nd Printing, Amsterdam, New York und Oxford.

Tobin, J. (1978), Grundsätze der Geld- und Staatsschuldenpolitik. Aus dem Amerikanischen übertragen von K.-H. *Ketterer,* Baden-Baden (An Essay on the Principles of Debt Management Policies. Prepared for the Commission on Money and Credit, Englewood Cliffs, 1963, 143 - 218).

Tobin, J. (1979), Asset Accumulation and Economic Activity. Yrjö Jahnsson Lectures, Oxford.

Tobin, J. (1980), Stabilization Policy Ten Years After. Brookings Papers on Economic Activity 1 (1980), 19 - 71.

Tobin, J. (1982), Nobel Lecture: Money and Finance in the Macroeconomic Process. Journal of Money, Credit, and Banking 14 (1982), 171 - 204.

Tobin, J. und D. *Hester* (Hrsg.) (1967), Risk Aversion and Portfolio Choice. Cowles Foundation Monograph Nr. 19, New York.

Tobin, J. und W. C. *Brainard* (1968), Pitfalls in Financial Model Building. American Economic Review (Papers and Proceedings) 58 (1968), 99 - 122.

Tobin, J. und W. C. *Brainard* (1979), Asset Markets and the Cost of Capital, in: *Balassa,* B. und R. *Nelson* (Hrsg.), Economic Progress, Private Values, and Public Policies, Essays in Honor of William Fellner, Amsterdam, New York und Oxford, 235 - 262.

Tobin, J. und W. *Buiter* (1976), Long-run Effects of Fiscal and Monetary Policy on Aggregate Demand, in: *Stein,* J. L. (Hrsg.), Monetarism, Amsterdam, New York, Oxford 1976, 273 - 309.

Tsiang, S. C. (1980), Keynes's "Finance" Demand for Liquidity, Robertson's Loanable Funds Theory, and Friedman's Monetarism. Quarterly Journal of Economics 94 (1980), 467 - 491.

Walther, H. (1979), Öffentliche Verschuldung und „Crowding-Out"-Effekte, in: *Nowotny,* E. (Hrsg.), Öffentliche Verschuldung, Stuttgart, New York, 65 - 74.

Westphal, U. (1981), Empirische Aspekte des Crowding-out, in: *Ehrlicher,* W. (Hrsg.), Geldpolitik, Zins und Staatsverschuldung, Berlin, 209 - 226.

Willms, M. (1968), Der Einsatz der Staatsschuld als geldpolitisches Instrument. Kredit und Kapital 1 (1968), 405 - 438.

Willms, M. (1978), Volkswirtschaftliche Wirkungen einer zunehmenden Staatsverschuldung. Wirtschaftsdienst 58 (1978), 439 - 445.

Wissenschaftlicher Beirat (1979), Gutachten zur Schuldenstrukturpolitik des Staates, erstattet vom Wissenschaftlichen Beirat beim Bundesministerium der Finanzen. Schriftenreihe des Bundesministeriums der Finanzen, Heft 27, Bonn.

Yellen, J. L. (1980), On Keynesian Economics and the Economics of the Post-Keynesians. American Economic Review 70 (1980), 15 - 19.

Yohe, W. P. und D. W. *Karnosky* (1969), Interest Rates and Price Level Changes 1952 - 1969. Federal Reserve Bank of St. Louis Review 51 (1969), 18 - 38.

Zimmermann, H. und K.-D. *Henke* (1982), Einführung in die Finanzwissenschaft, 3., überarbeitete und ergänzte Auflage, München.

Veröffentlichungen des Instituts für Empirische Wirtschaftsforschung

Herausgegeben von Prof. Dr. Claus Köhler

1. **Orientierungshilfen für die Kreditpolitik.** Von Claus Köhler. 97 S. 1968. Lw. DM 24,60
2. **Bankenliquidität und Kapitalmarktzins.** Von Lothar Hübl. 155 S. 1969. Lw. DM 38,60
3. **Die kontinuierliche Liquiditätsversorgung des Bankensystems.** Von Jürgen Becker. 145 S. 1969. Lw. DM 37,60
4. **Die Liquiditätsversorgung des schweizerischen Bankensystems.** Von Heide Wolff. 133 S. 1969. Lw. DM 36,60
5. **Kapitalhilfe.** Von Albrecht Kruse-Rodenacker und Horst Dumke unter Mitarbeit von Niklas von Götz. 208 S. 1969. Lw. DM 48,60
6. **Regionale Leistungsbilanzsalden in integrierten Wirtschaftsräumen.** Von Rüdiger Pohl. 191 S. mit 18 Taf. 1971. Lw. DM 49,80
7. **Erfahrungen mit der Kreditplafondierung.** Von Sonning Bredemeier. 191 S. 1972. Lw. DM 49,60
8. **Die Auswirkungen der Zinsliberalisierung in Deutschland.** Von Rüdiger Looff. 148 S. 1973. Lw. DM 48,—
9. **Der administrative Aufwand der Entwicklungshilfe.** Von Karl Kirchhof und Ulrich Popp. 198 S. 1973. Lw. DM 56,—
10. **Bestimmungsgründe der nominalen Zinsentwicklung in der Bundesrepublik Deutschland.** Von Lothar Hübl. 127 S. 1973. Lw. DM 49,80
11. **Direktinvestitionen und die Politik der Entwicklungsländer.** Von Winfried Schneider. 198 S. 1974. Lw. DM 58,60
12. **Zinsarbitrage und Währungsspekulation.** Von Wolfgang Filc. 220 S. 1975. Lw. DM 68,—
13. **Probleme der Neo-Quantitätstheorie und der Geldmengenpolitik.** Von Karl-Heinz Ketterer. 121 S. 1975. Lw. DM 48,60
14. **Friedman-Plan und potentialorientierte Kreditpolitik.** Von Gerhard Honeck. 295 S. 1975. Lw. DM 88,60
15. **Kritische Betrachtungen zur nationalen und internationalen Geldordnung.** Von Rolf Gocht. 143 S. 1975. Lw. DM 48,60
16. **Geldkreislauf und Einkommenskreislauf.** Von Rüdiger Pohl. 217 S. 1976. Lw. DM 76,—
17. **Grundlagen einer rationalen Kreditpolitik in der Europäischen Gemeinschaft.** Von Wolf-Dieter Klingelhöfer. 167 S. 1978. Lw. DM 64,—
18. **Grenzen der Bundesbankpolitik.** Von Reinhard Kohler. 157 S. 1979. Lw. DM 68,—
19. **Die stabilitätspolitischen Vorschläge Milton Friedmans.** Von Jürgen Förterer. 255 S. 1979. Lw. DM 88,—
20. **Devisenmarkt und Geldpolitik.** Von Wolfgang Filc. 325 S. 1981. Lw. DM 126,—

DUNCKER & HUMBLOT / BERLIN